noções de direito tributário
e código de processo tributário

noções de direito tributário
e código de processo tributário

Fernanda Adams

inter saberes

Rua Clara Vendramin, 58
Mossunguê . CEP 81200-170
Curitiba . PR . Brasil
Fone: (41) 2106-4170
www.intersaberes.com
editora@intersaberes.com

- Conselho editorial
Dr. Alexandre Coutinho Pagliarini
Drª Elena Godoy
Dr. Neri dos Santos
Mª Maria Lúcia Prado Sabatella

- Editora-chefe
Lindsay Azambuja

- Gerente editorial
Ariadne Nunes Wenger

- Assistente editorial
Daniela Viroli Pereira Pinto

- Preparação de originais
Fabrícia E. de Souza

- Edição de texto
Arte e Texto Edição e Revisão de Textos

- Projeto gráfico
Raphael Bernadelli

- Capa
Sílvio Gabriel Spannenberg (*design*)
RHJPhtotos/Shutterstock (imagem)

- Diagramação
Querido Design

- *Designer* responsável
Sílvio Gabriel Spannenberg

- Iconografia
Regina Claudia Cruz Prestes

Dados Internacionais de Catalogação na Publicação (CIP)
(Câmara Brasileira do Livro, SP, Brasil)

Adams, Fernanda
  Noções de direito tributário e Código de Processo Tributário / Fernanda Adams. -- 1. ed. -- Curitiba, PR : Editora Intersaberes, 2023.

  Bibliografia.
  ISBN 978-85-227-0501-6

  1. Direito tributário I. Título.

23-148330   CDU-34 : 336.2

  Índices para catálogo sistemático:
1. Direito tributário   34 : 336.2

  Eliane de Freitas Leite – Bibliotecária – CRB 8/8415

1ª edição, 2023.
Foi feito o depósito legal.

Informamos que é de inteira responsabilidade da autora a emissão de conceitos.

Nenhuma parte desta publicação poderá ser reproduzida por qualquer meio ou forma sem a prévia autorização da Editora InterSaberes.

A violação dos direitos autorais é crime estabelecido na Lei n. 9.610/1998 e punido pelo art. 184 do Código Penal.

apresentação 7

como aproveitar ao máximo este livro 9

Capítulo 1 Conceitos básicos de direito tributário - 13
1.1 Fontes do direito tributário - 14
1.2 Vigência, aplicação e interpretação da legislação tributária - 17
1.3 Sistema constitucional tributário - 21
1.4 Evolução do sistema tributário nacional - 23
1.5 Princípios constitucionais tributários - 25
1.6 Imunidades tributárias - 40
1.7 Competência tributária - 44

Capítulo 2 Norma jurídica tributária - 65
2.1 Noções básicas sobre tributo – conceito e espécie - 66
2.2 Crédito tributário e lançamento - 68
2.3 Suspensão da exigibilidade do crédito - 73
2.4 Extinção das obrigações tributárias - 76
2.5 Exclusão do crédito tributário - 82

sumário

2.6 Infrações e sanções tributárias - 85
2.7 Garantias e privilégios do crédito tributário - 89

Capítulo 3 **Tributos em espécie - 101**

3.1 Tributo - 102
3.2 Tributação sobre o consumo de bens e serviços - 108
3.3 Tributação sobre patrimônio - 117
3.4 Tributação sobre a renda das pessoas físicas e sobre o lucro de pessoas jurídicas - 121
3.5 Tributos nas demonstrações contábeis - 124

Capítulo 4 **Processo tributário - 135**

4.1 Fundamento legal - 136
4.2 Processo administrativo fiscal - 138
4.3 Processo judicial tributário - 141
4.4 Modulação dos efeitos – controle de constitucionalidade - 145
4.5 Questionamentos atuais no Superior Tribunal de Justiça (STJ) - 151
4.6 Questionamentos atuais no Supremo Tribunal Federal (STF) - 156

considerações finais 171
lista de siglas 173
referências 175
bibliografia comentada 181
respostas 183
consultando a legislação 185
sobre a autora 189

Compreender o direito tributário é um desafio, inclusive para aqueles que estão na área do direito. São diversos conceitos e construções axiológicas que permeiam a interpretação do extenso arcabouço legislativo do sistema jurídico tributário.

Se pensarmos no direito apenas como uma interpretação da lei, tal tarefa poderia até ser mais simplificada. No entanto, não atingiria o objetivo principal, que é o processo de compreensão da realidade. O direito é muito mais do que a lei posta. O direito vai além daquilo que se legisla. Ele é uma construção dinâmica, social e atemporal que segue se validando e se reaplicando diariamente.

Talvez a dificuldade de compreensão venha exatamente desse processo, pois não basta ler um dispositivo legal, é preciso entender como essa lei interage com o sistema. Isso porque a norma nada mais é do que uma engrenagem de um sistema que interage e se conversa. Uma mudança nessa engrenagem é capaz de afetar todo o resultado.

Partindo dessa premissa, o presente livro busca trazer, de forma simplificada e didática, como se constrói o direito tributário, além da letra da lei e das análises restritamente jurídicas.

apresentação

Para tanto, no primeiro capítulo, serão analisados os principais conceitos que subsidiam a hermenêutica do direito tributário, de modo a demonstrar como cada previsão legal interage e produz seus efeitos no sistema jurídico. No segundo capítulo, a obrigação tributária será objeto de análise para demonstrar como se opera o sistema jurídico tributário brasileiro. No terceiro capítulo, passaremos à análise dos tributos em espécie, demonstrando a aplicação de todos os conceitos até então construídos. Ao fim, no quarto capítulo, por meio da análise dos julgados recentes dos tribunais superiores, iremos analisar, na prática, como tais conceitos se conversam no sistema e se aplicam para se chegar ao resultado pretendido.

Boa leitura!

Empregamos nesta obra recursos que visam enriquecer seu aprendizado, facilitar a compreensão dos conteúdos e tornar a leitura mais dinâmica. Conheça a seguir cada uma dessas ferramentas e saiba como elas estão distribuídas no decorrer deste livro para bem aproveitá-las.

como aproveitar ao máximo este livro

Conteúdos do capítulo:
Logo na abertura do capítulo, relacionamos os conteúdos que nele serão abordados.

Após o estudo deste capítulo, você será capaz de:
Antes de iniciarmos nossa abordagem, listamos as habilidades trabalhadas no capítulo e os conhecimentos que você assimilará no decorrer do texto.

Para saber mais
Sugerimos a leitura de diferentes conteúdos digitais e impressos para que você aprofunde sua aprendizagem e siga buscando conhecimento.

SÍNTESE

Neste segundo capítulo, debatemos as noções básicas de tributo, abordando o seu conceito e a sua espécie. Assim, *tributo* pode ser compreendido como toda prestação pecuniária compulsória, em moeda ou cujo valor nela se possa exprimir, que não constitua sanção de ato ilícito, instituída por lei e cobrada mediante atividade administrativa plenamente vinculada. Ademais, no que tange às espécies do gênero *tributo*, fazem parte o imposto, a taxa e a contribuição de melhoria.

Vimos que o crédito tributário pode ser definido como o direito subjetivo que o sujeito ativo tem de cobrar o tributo do sujeito passivo. Assim, o crédito tributário é constituído no momento em que ocorre o evento descrito na regra-matriz de incidência tributária; podemos chamar esse ato administrativo de *lançamento tributário*. Sobre o lançamento, o art. 142 do CTN o descreve como o procedimento administrativo por meio do qual a autoridade competente constitui o crédito tributário, verificando a ocorrência do fato gerador e a matéria tributável, calculando o montante do tributo devido, identificando o sujeito passivo e, sendo o caso, propondo a aplicação de multa.

Também abordamos a suspensão da exigibilidade do crédito tributário, a qual pode ser definida como o adiamento do seu vencimento, e tem seis hipóteses de suspensão, quais sejam: moratória; depósito do montante integral; reclamações e recursos, nos termos das leis reguladoras do processo tributário administrativo; concessão de medida liminar em mandado de segurança; concessão de medida liminar ou de tutela antecipada, em outras espécies de ação judicial; e parcelamento.

No tópico sobre extinção das obrigações tributárias, classificamos a extinção como o fim da relação obrigacional, de modo que o crédito tributário é extinto, seja por razões constantes

Síntese

Ao final de cada capítulo, relacionamos as principais informações nele abordadas a fim de que você avalie as conclusões a que chegou, confirmando-as ou redefinindo-as.

esse respeito, a fim de favorecer o recebimento do crédito tributário pelo fisco.

QUESTÕES PARA REVISÃO

1) (FGV/OAB – EXAME XVI, 2015) A União concedeu isenção, pelo prazo de cinco anos, da Contribuição para o Financiamento da Seguridade Social (COFINS) para as indústrias de veículos automotores terrestres que cumprissem determinadas condições.

Sobre a isenção tributária, é possível afirmar que:

a. as indústrias de aviação podem requerer a fruição do benefício, pois a norma que concede isenção deve ser interpretada extensivamente.
b. a União poderá, a qualquer tempo, revogar ou modificar a isenção concedida.
c. a isenção da COFINS pode ser concedida mediante decreto, desde que a norma seja específica.
d. as indústrias de veículos automotores terrestres não estão dispensadas do cumprimento das obrigações acessórias, pois elas são independentes da existência da obrigação principal.

2) (FGV/OAB – EXAME XVII, 2015) Após ser intimada da lavratura de um auto de infração visando à cobrança da Contribuição para Financiamento da Seguridade Social (COFINS) dos últimos cinco anos, a pessoa jurídica XYZ Participações Ltda. verificou que o tributo não era devido e ofereceu impugnação ao auto de infração. Como irá participar de uma licitação, a pessoa jurídica em questão irá precisar de certidão de regularidade fiscal – no

Questões para revisão

Ao realizar estas atividades, você poderá rever os principais conceitos analisados. Ao final do livro, disponibilizamos as respostas às questões para a verificação de sua aprendizagem

c. O IPTU não incide sobre imóveis onde se realizam cultos, por ausência de previsão legal.
d. O IPTU não é devido, pois os templos de qualquer culto são imunes a qualquer imposto.
e. O IPTU não é devido, pois a Igreja Cristã ABC não possui capacidade tributária.

QUESTÕES PARA REFLEXÃO

Leia o acórdão seguinte para responder às questões na sequência.

Recurso extraordinário. Repercussão geral. Direito tributário. Emenda Constitucional n° 87/2015. ICMS. Operações e prestações em que haja a destinação de bens e serviços a consumidor final não contribuinte do ICMS localizado em estado distinto daquele do remetente. Inovação constitucional. Matéria reservada a lei complementar (art. 146, I e III, a e b; e art. 155, § 2°, XII, a, b, c, d e i, da CF/88). Cláusulas primeira, segunda, terceira e sexta do Convênio ICMS n° 93/15. Inconstitucionalidade. Tratamento tributário diferenciado e favorecido destinado a microempresas e empresas de pequeno porte. Simples Nacional. Matéria reservada a lei complementar (art. 146, III, d, e parágrafo único, da CF/88). Cláusula nona do Convênio ICMS n° 93/15. Inconstitucionalidade.

1. A EC n° 87/15 criou nova relação jurídico-tributária entre o remetente do bem ou serviço (contribuinte) e o estado de destino nas operações com bens e serviços destinados a consumidor final não contribuinte do ICMS. O imposto incidente nessas operações e prestações, que antes era devido totalmente ao estado de origem, passou a ser dividido entre dois sujeitos ativos, cabendo ao estado

Questões para reflexão

Ao propor estas questões, pretendemos estimular sua reflexão crítica sobre temas que ampliam a discussão dos conteúdos tratados no capítulo, contemplando ideias e experiências que podem ser compartilhadas com seus pares.

bibliografia comentada

BALEEIRO, A. **Uma introdução à ciência das finanças**. 2. ed. Rio de Janeiro: Forense, 1972.
Apesar de ser um livro técnico, as exposições são muito didáticas e auxiliam na compreensão do direito financeiro. É um importante recurso para entender como se forma a base do raciocínio dessa área.

BASTOS, C. R. **Curso de direito financeiro e de direito tributário**. 2. ed. São Paulo: Saraiva, 2001.
Igualmente um livro de natureza técnica, com uma leitura um pouco mais complexa, contudo, essencial para entender a distinção entre o direito financeiro e o direito tributário e compreender o papel do direito tributário no sistema jurídico.

CABOTA, J. C. **Manual de direito tributário e financeiro aplicado**. 3. ed. Rio de Janeiro: Freitas Bastos, 2020.
Obra com uma linguagem muito clara, que auxilia na aplicação prática do direito tributário. Fundamental para verificar como os principais conceitos repercutem diante de situações práticas.

Bibliografia comentada

Nesta seção, comentamos algumas obras de referência para o estudo dos temas examinados ao longo do livro.

Consultando a legislação

Listamos e comentamos nesta seção os documentos legais que fundamentam a área de conhecimento, o campo profissional ou os temas tratados no capítulo para você consultar a legislação e se atualizar.

consultando a legislação

BRASIL. Constituição (1988). **Diário Oficial da União**, Brasília, DF, 5 out. 1988. Disponível em: <https://www.planalto.gov.br/ccivil_03/constituicao/constituicao.htm>. Acesso em: 6 jan. 2023.

BRASIL. Decreto n. 7.212, de 15 de junho de 2010. Regulamenta a cobrança, fiscalização, arrecadação e administração do Imposto sobre Produtos Industrializados – IPI. **Diário Oficial da União**. Poder Executivo, Brasília, DF, 16 jun. 2010. Disponível em: <https://www.planalto.gov.br/ccivil_03/_ato2007-2010/2010/decreto/d7212.htm>. Acesso em: 11 jan. 2023.

BRASIL. Decreto n. 9.580, de 22 de novembro de 2018. Regulamenta a tributação, a fiscalização, a arrecadação e a administração do Imposto sobre a Renda e Proventos de Qualquer Natureza. **Diário Oficial da União**. Poder Executivo, Brasília, DF, 23 nov. 2018. Disponível em: <https://www.planalto.gov.br/ccivil_03/_ato2015-2018/2018/decreto/d9580.htm>. Acesso em: 20 jan. 2023.

BRASIL. Decreto n. 70.235, de 6 de março de 1972. Dispõe sobre o processo administrativo fiscal, e dá outras providências. **Diário Oficial da União**. Poder Executivo, Brasília, DF, 7 mar. 1972. Disponível em: <https://www.planalto.gov.br/ccivil_03/decreto/d70235cons.htm>. Acesso em: 10 jan. 2023.

Conceitos básicos de direito tributário

Conteúdos do capítulo:

» Fontes do direito tributário.
» Vigência, aplicação e interpretação da legislação tributária.
» Sistema constitucional tributário.
» Competência tributária.
» Imunidades tributárias.
» Princípios constitucionais tributários.

Após o estudo deste capítulo, você será capaz de:

1. compreender as fontes do direito tributário, bem como a vigência, a aplicação e a interpretação da legislação tributária;
2. analisar e compreender como é estruturado o sistema constitucional tributário;
3. entender o conceito e as características de competência tributária no Código Tributário Nacional (CTN), bem como a distribuição e o exercício da competência;
4. reconhecer as imunidades tributárias;
5. distinguir e compreender os princípios constitucionais tributários.

1.1 Fontes do direito tributário

A expressão *fontes do direito* pode ser compreendida como o ponto do qual nasce a norma, representando o processo de criação das normas jurídicas. Assim, podemos denominar *fontes do direito* os "fatos jurídicos criadores de normas: fatos sobre os quais incidem hipóteses fácticas, dando em resultado normas de certa hierarquia" (Vilanova, 1989, p. 24).

Nesse sentido, bem assevera Paulo de Barros Carvalho (2009, p. 48, grifo do original):

> Pois bem, nos limites desta proposta, as **fontes do direito** serão os acontecimentos do mundo social, juridicizados por regras do sistema e credenciados para produzir normas jurídicas que **introduzam** no ordenamento outras normas, gerais e abstratas, gerais e concretas, individuais e abstratas ou individuais e concretas.

As **fontes do direito tributário**, por sua vez, são aquelas que instituem e dão origem aos tributos elencados em nosso ordenamento jurídico. Podem ser divididas em duas espécies: formais e materiais.

Segundo Eduardo Sabbag (2015, p. 281, grifo do original), "as **fontes formais** correspondem ao conjunto das normas no Direito Tributário, estando inseridas no art. 96 do CTN, sob o rótulo de 'legislação tributária'". A redação do art. 96 do Código Tributário Nacional (CTN) – Lei n. 5.172, de 25 de outubro de 1966 – prevê:

> Art. 96. A expressão "legislação tributária" compreende as leis, os tratados e as convenções internacionais, os decretos e as normas complementares que versem, no todo ou em parte, sobre tributos e relações jurídicas a eles pertinentes. (Brasil, 1966b)

Entretanto, devemos considerar que o conceito de **legislação tributária** não deve ser confundido com o conceito de **lei tributária**. O primeiro diz respeito a uma espécie das fontes formais; já o segundo é mais amplo e compreende toda e qualquer norma que regule o direito tributário.

As fontes formais podem ser compreendidas como os veículos introdutores das normas tributárias (Schoueri, 2011) e são divididas em duas categorias:

I. fontes formais primárias, que criam regras jurídicas, inovando no ordenamento (Matthes, 2019);
II. fontes formais secundárias, que "têm campo normativo restrito, atuando, apenas, na regulamentação do que já foi introduzido pelas primárias" (Matthes, 2019, p. 193).

As fontes formais primárias são compostas pelos atos normativos ou conjuntos de normas que dão origem ao direito tributário: normas constitucionais e atos normativos descritos no art. 59 da Constituição Federal de 1988 (Brasil, 1988), quais sejam: emendas à Constituição; leis complementares (aqui, como exemplo, temos o CTN); leis ordinárias; leis delegadas; medidas provisórias; decretos legislativos e resoluções; além dos tratados e das convenções internacionais.

Em relação aos tratados e às convenções, destaca-se que poderão modificar ou revogar a legislação tributária interna, conforme descrito no art. 98 do CTN. Podem, ainda, criar hipótese de isenção para tributos estaduais ou municipais. Isso ocorre porque

> os tratados internacionais são criados com a participação do Presidente da República, em exercício como Chefe de Estado. Não está, naquele ato, representando a União, mas sim a República Federativa do Brasil. Quando o Presidente age como Chefe de Governo, ou seja,

nos interesses internos do país, representa a União e, neste caso, não pode criar isenções para tributos que não sejam de sua competência (art. 151, III, CRFB/88). (Matthes, 2019, p. 193)

Já as fontes formais secundárias estão previstas no art. 100 do CTN. São chamadas de *normas complementares* e compõem:

I. os atos normativos expedidos pelas autoridades administrativas;
II. as decisões dos órgãos singulares ou coletivos de jurisdição administrativa a que a lei atribua eficácia normativa;
III. as práticas reiteradamente observadas pelas autoridades administrativas;
IV. os convênios que entre si celebrem a União, os estados, o Distrito Federal e os municípios.

As **fontes materiais** são pressupostos que integram a norma jurídica que definem o fato gerador da obrigação tributária. De acordo com o art. 114 do CTN, a sua situação é definida em lei como necessária e suficiente para sua ocorrência. Assim, "a situação é sempre um fato, descrito de forma abstrata e genérica na norma legal, que, uma vez ocorrida em concreto opera-se o fenômeno da subsunção do fato à hipótese legal prevista, isto é, gera a obrigação de pagar tributo" (Carota, 2020, p. 44). Desse modo, "incluem, dentre as fontes materiais, verbos como: a) auferir; b) prestar; c) transmitir; d) circular etc." (Matthes, 2019, p. 194).

1.2 Vigência, aplicação e interpretação da legislação tributária

De forma simples, a vigência de uma lei é compreendida como sua capacidade de produzir efeitos, ou seja, de ser aplicada. Nas palavras de Carvalho (2009, p. 84): "viger é ter força para disciplinar, para reger, cumprindo a norma seus objetivos finais. A vigência é propriedade das regras jurídicas que estão prontas para propagar efeitos, tão logo aconteçam, no mundo fático, os eventos que elas descrevem".

Já a **vigência da legislação tributária** está relacionada ao espaço e ao tempo no qual a legislação poderá produzir efeitos. No que tange ao vigor das leis no tempo, está precisamente descrito no art. 101 do CTN que a vigência da legislação tributária, salvo disposições em contrário, rege-se pelas disposições legais aplicáveis às normas jurídicas em geral, qual seja: o art. 1º da Lei de Introdução ao Código Civil.

Desse modo, novamente salvo disposições em contrário, as normas que legislam sobre tributos entram em vigor 45 dias após sua publicação. O período que existe entre a publicação da norma e sua entrada em vigor é conhecido como *vacatio legis*: "tempo em que a regra é válida como entidade jurídica do sistema, mas não adquiriu a força que lhe é própria para alterar, diretamente, a conduta dos seres humanos no contexto social" (Carvalho, 2009, p. 87).

Em matéria tributária, a vigência das normas no tempo tem uma importante particularidade. As normas que criam ou majoram tributos deverão respeitar outro limite temporal, qual seja, aquele previsto no art. 150, III, b, da Constituição Federal, assim, há necessidade de publicação da norma em período anterior ao início do exercício financeiro em que pretenda cobrar o tributo. Trata-se, portanto, do princípio da anterioridade, que será aprofundado no capítulo sobre princípios constitucionais tributários. Essa regra de temporalidade também está prevista no art. 104 do CTN e aborda os impostos sobre o patrimônio ou a renda.

As normas complementares têm regra de vigência próprias determinadas pelo art. 103 do CTN, quais sejam:

I. os atos administrativos na data da sua publicação;
II. as decisões dos órgãos singulares ou coletivos de jurisdição administrativa entram em vigor 30 dias após a data da sua publicação;
III. os convênios na data neles prevista.

Via de regra, no que tange à vigência das normas tributárias no espaço, "as normas federais criam regras para a União, as estaduais suplementam as normas federais e vigoram dentro do território estadual, assim como as regras municipais, que complementam as estaduais e as federais, e vigoram dentro dos interesses locais dos Municípios" (Matthes, 2019, p. 194).

Entretanto, o princípio da extraterritorialidade possibilita que as normas de um território tornem-se vigentes no território de outro ente. É o caso do art. 102 do CTN, o qual prevê situação em que a legislação dos municípios, do Distrito Federal e dos estados pode vigorar fora de seus territórios. Para isso, basta que seja realizado um convênio entre os entes que tiverem interesse na vigência da lei para atribuir a extraterritorialidade às normas municipais, distritais ou estaduais.

Quanto à aplicação das normas, a legislação tributária, de acordo com o art. 105 do CTN, pode ser aplicada imediatamente aos fatos geradores futuros e aos pendentes (exemplo: imposto de renda) e não surte efeito, via de regra, aos fatos geradores pretéritos. Nesse sentido, denota Carvalho (2009, p. 89):

Não devemos confundir vigência e aplicação das normas jurídicas. Norma vigente pode não ser aplicada, ao mesmo tempo em que nos deparamos com a aplicação de regras que já perderam seu vigor para o futuro. Exemplo da última situação temos na figura do ato jurídico do lançamento, em que, por vezes, o agente competente declara a ocorrência de um evento pretérito, aplicando-lhe a legislação que o regulava, muito embora a lei invocada tenha sido revogada, perdendo a vigência futura. Nessa hipótese, tais normas passarão a ter vigor sobre acontecimentos anteriores à sua revogação, não podendo, portanto, alcançar fatos novos que porventura ocorram. Nada obstante, continuam válidas no sistema, para aplicação a sucessos passados, sobre os quais concentrarão a inteiro teor de sua vigência.

O art. 106 do CTN elenca algumas exceções sobre a aplicação da legislação tributária a ato ou fato pretérito, quais sejam:

I. quando a lei nova for expressamente interpretativa;
II. quando a lei nova for mais benéfica. O artigo considera lei mais benéfica:
   a. quando deixe de defini-lo como infração;
   b. quando deixe de tratá-lo como contrário a qualquer exigência de ação ou omissão, desde que não tenha sido fraudulento e não tenha implicado em falta de pagamento de tributo;
   c. quando lhe comine penalidade menos severa que a prevista na lei vigente ao tempo da sua prática.

No que tange à interpretação da legislação tributária, o CTN apresenta algumas especificidades em seu capítulo IV. O art. 108 prevê, em casos de omissão de disposição expressa, que a autoridade competente para aplicar a legislação tributária utilizará, sucessivamente, na ordem indicada:

I. a analogia;
II. os princípios gerais de direito tributário;
III. os princípios gerais de direito público;
IV. a equidade.

Ou seja, caso o intérprete não possa utilizar a analogia, o CTN autoriza a aplicação dos princípios gerais do direito tributário, e assim sucessivamente. Enfatiza-se que, quanto aos princípios gerais de direito privado, "o CTN autoriza, apenas, que sejam utilizados para pesquisa da definição, do conteúdo e do alcance de seus institutos, conceitos e formas, mas não para definição dos respectivos efeitos tributários" (Matthes, 2019, p. 197).

Contudo, conforme disposto no art. 110 do CTN:

> A lei tributária não pode alterar a definição, o conteúdo e o alcance de institutos, conceitos e formas de direito privado, utilizados, expressa ou implicitamente, pela Constituição Federal, pelas Constituições dos Estados, ou pelas Leis Orgânicas do Distrito Federal ou dos Municípios, para definir ou limitar competências tributárias. (Brasil, 1966b)

Em temas como a suspensão ou a exclusão do crédito tributário, outorga de isenção ou dispensa do cumprimento de obrigações tributárias acessórias, deverá ser utilizada a interpretação literal da legislação tributária, não sendo permitida a ampliação do quanto disposto na norma.

Por fim, vale ressaltar que, quando a lei tributária definir infrações que cominem em penalidades, a legislação tributária deverá ser interpretada de maneira mais favorável ao acusado em caso de dúvidas sobre: capitulação legal do fato; natureza ou circunstâncias materiais do fato, ou natureza ou extensão dos seus efeitos; autoria, imputabilidade ou punibilidade; ou natureza da penalidade aplicável, ou sua graduação.

1.3 Sistema constitucional tributário

Após breves considerações sobre tributos, faz-se necessário agora compreender o sistema constitucional tributário.

Inicialmente, o conceito de sistema está ligado à ideia de um conjunto de elementos individualizados, que se relacionam entre si, integrados a uma realidade maior. Tal estrutura é adotada pelo sistema jurídico, e a formação dessa estrutura se dá por meio das normas jurídicas.

Contudo, o sistema jurídico não é um conjunto de normas ordenadas em um mesmo plano, e sim uma construção escalonada de diferentes camadas ou níveis de normas jurídicas, na qual, segundo afirma Hans Kelsen (1998, p. 155), "a Constituição representa o escalão de Direito positivo mais elevado".

Portanto, o ordenamento jurídico nada mais é do que um sistema formado por normas que se relacionam entre si, dentro de uma hierarquia na qual a lei maior, fundamento último, será a Constituição Federal.

Compondo o todo desse sistema normativo, há subsistemas, tidos como parciais, que versam sobre diversas matérias. Nesse contexto, segundo afirma Geraldo Ataliba (1966, p. 20), o sistema constitucional é formado por normas constitucionais, e "o conjunto de normas da Constituição que versa matéria tributária forma o sistema (parcial) constitucional tributário".

A Constituição brasileira contém inúmeros dispositivos que tratam da matéria tributária, isso porque o legislador constituinte não se restringiu a abordar apenas os aspectos relevantes, conforme afirma Ataliba (1966, p. 20):

> o sistema constitucional tributário brasileiro é o mais rígido de quantos se conhece, além de complexo e extenso. Em matéria tributária tudo foi feito pelo constituinte, que afeiçoou integralmente o sistema, entregando-o pronto e

acabado ao legislador ordinário, a quem cabe somente obedecê-lo, em nada podendo contribuir para plasmá-lo.

O legislador constituinte brasileiro prescreveu exaustivamente os casos em que os entes políticos poderiam exercer a tributação, esgotando na Constituição a matéria tributária e delegando ao legislador ordinário apenas a função de regulamentar.

O sistema tributário brasileiro, portanto, foi totalmente moldado pelo legislador constituinte, que não possibilitou à lei ordinária criar coisa alguma ou até mesmo introduzir variações em matéria tributária que não estivessem expressamente previstas no texto constitucional.

Ao mesmo tempo em que a Constituição Federal outorgou ao Estado o poder de tributar, ela também preservou os direitos dos particulares, sujeitos passivos das obrigações tributárias, por meio de limitações, que são traçadas com base nos princípios e nas imunidades.

As normas jurídicas tributárias têm uma grande carga axiológica, pois não tratam apenas de tributos, mas também de valores. Quando se fala em *sistema constitucional tributário*, há uma incidência de dois tipos diferentes de normas ao mesmo tempo: aquelas referentes à tributação e aquelas relacionadas aos direitos individuais, e ambas deverão ser ponderadas para melhor aplicação.

Além disso, no sistema constitucional tributário, existem quatro plexos normativos, quatro fontes de normas, quais sejam: leis municipais, leis estaduais, leis federais e leis nacionais.

Destarte, nesse contexto de plexos normativos, a Constituição Federal discriminou rigidamente a competência tributária, estabelecendo o âmbito de atuação de cada ente federado na imposição tributária.

1.4 Evolução do sistema tributário nacional

Até a década de 1930, a República brasileira obteve uma herança de boa parte da estrutura tributária do Império. Considerando que a economia se baseava na agricultura, a fonte de receitas públicas do Império era predominantemente oriunda do imposto de exportação.

Já a Constituição de 1891 adotou basicamente o sistema tributário utilizado pelo Império. Contudo, como houve a adoção do regime federativo, foi implementado o regime de separação de fontes tributárias, delineando os impostos de competência da União e dos estados.

Com a Constituição de 1934, foram alteradas importantes estruturas do sistema tributário do país. As principais delas estavam relacionadas às órbitas estaduais e municipais.

> Os estados foram dotados de competência privativa para decretar o imposto de vendas e consignações ao mesmo tempo em que se proibia a cobrança do imposto de exportações em transações interestaduais e limitava-se a alíquota deste imposto a um máximo de 10%. Quanto aos municípios, a partir da Constituição de 16 de julho de 1934, passaram a ter competência privativa para decretar alguns tributos. (Varsano, 1996, p. 3)

A Constituição de 1946 trouxe poucas alterações relacionadas aos tributos utilizados no país. Entretanto, entre o período de 1946 e 1966, houve crescimento sobre a importância dos impostos internos relativos a produtos. Com o início da década de 1950, o governo, tendo em vista o desenvolvimento industrial, criou o Banco Nacional de Desenvolvimento Econômico (BNDE) – nomenclatura alterada em 1982 para BNDES

(Banco Nacional de Desenvolvimento Econômico e Social) –, com intuito de atrair capital estrangeiro ao país.

No final do ano de 1963, o governo criou a Comissão de Reforma do Ministério da Fazenda. Essa comissão tinha o intuito de reorganizar e modernizar a administração fiscal federal, prevendo uma expansão de tarefas e até uma reavaliação do sistema tributário, que de fato ocorreu. Entre 1964 e 1966, foi implantado um novo sistema tributário: "a administração fazendária federal foi reorganizada; o IR sofreu revisões que resultaram em vigoroso crescimento de sua arrecadação; e o imposto de consumo foi reformulado dando origem ao Imposto sobre Produtos Industrializados (IPI)" (Varsano, 1996, p. 9). Marcando as modificações no sistema tributário da época, a Emenda Constitucional n. 18, de 1º de dezembro de 1965, foi incorporada à Constituição Federal de 1967 e ao CTN, de 1966.

Entre os anos de 1979 e 1983, houve frequentes alterações na legislação tributária, criando e eliminando incentivos fiscais. Em 1984, foi possível observar um grande processo de desconcentração dos recursos, e foi nesse ambiente que se deu o início ao processo de elaboração da Constituição Federal de 1988.

Em 1988, a nova Constituição criou o sistema tributário, elaborado por equipe técnica, por meio de um processo verdadeiramente democrático. A deficiência de informação após 20 anos de concentração do poder político dificultou a recuperação da carga tributária. Assim, o principal objetivo era o reforço da autonomia fiscal dos estados e municípios, de forma a desconcentrar os tributos disponíveis e transferir encargos para a União.

Com o aumento da autonomia dos estados e municípios, aconteceram diversas alterações na tributação vigente:

> atribuiu-se competência a cada um dos estados para fixar autonomamente as alíquotas do seu principal imposto, o

ICMS (imposto sobre operações relativas à circulação de mercadorias e sobre a prestação de serviços de transporte interestadual e intermunicipal e de comunicação), sucessor do ICM; eliminou-se a faculdade, atribuída pela Constituição anterior à União, de conceder isenções de impostos estaduais e municipais; e vedou-se a imposição de condições ou restrições à entrega e ao emprego de recursos distribuídos àquelas unidades. (Varsano, 1996, p. 14)

No período que sucedeu a nova Constituição, houve um grande desequilíbrio fiscal e financeiro para o governo federal. Assim, com a finalidade de compensar as perdas, adotaram-se inúmeras medidas, como a criação de novos tributos e a elevação de alíquotas já existentes.

1.5 Princípios constitucionais tributários

A Constituição Federal, como lei máxima, é o fundamento último de existência e validade das demais normas do ordenamento jurídico, condicionando o agir não só do Poder Público, mas de toda a sociedade.

Compondo o texto constitucional, existem normas que veiculam apenas regras de conduta e normas que veiculam diretrizes para todo o ordenamento jurídico. Estas são denominadas *princípios* e são encontradas no transcorrer de todo o texto constitucional, explícita e implicitamente.

Celso Antônio Bandeira de Mello (1994, p. 545-546) define *princípios* da seguinte forma:

> mandamento nuclear de um sistema, verdadeiro alicerce dele, disposição fundamental que se irradia sobre diferentes normas compondo-lhes o espírito e servindo de critério para sua exata compreensão e inteligência,

exatamente por definir a lógica e a racionalidade do sistema normativo, no que lhe confere a tônica e lhe dá sentido harmônico. É o conhecimento dos princípios que preside a intelecção das diferentes partes componentes de todo unitário que há por nome sistema jurídico positivo.

No entendimento de Carvalho (2009, p. 163):

> os princípios aparecem como linhas diretivas que iluminam a compreensão de setores normativos, imprimindo-lhes caráter de unidade relativa e servindo de fator de agregação num dado feixe de normas. Exercem eles uma reação centrípeta, atraindo em torno de si regras jurídicas que caem sob seu raio de influência e manifestam a força de sua presença. Algumas vezes constam de preceito expresso, logrando o legislador constitucional enunciá-lo com clareza e determinação. Noutras porém, ficam subjacentes à dicção do produto legislado, suscitando um esforço de feitio indutivo para percebê-los e isolá-los. São os princípios implícitos.

Já Roque Antonio Carrazza (2006, p. 46) conceitua *princípio* nos seguintes termos: "normas qualificadas, exibindo excepcional valor aglutinante: indicam como devem aplicar-se as normas jurídicas, isto é, que alcance lhes dar, como combiná-las e quando outorgar precedência a algumas delas".

Do exposto, pode-se concluir que *princípios* são orientações para a atuação das demais normas, de modo que tanto as leis quanto os atos normativos devem se submeter a esses preceitos constitucionais.

Assim, de acordo com as descrições teóricas citadas, é possível destacar que todo princípio constitucional deve ser considerado como literal bússola de orientação, credenciado a servir de referência no exame da norma prescritiva. O que se está a grifar é a validade ou invalidade da norma no seio do sistema tributário nacional com base em axioma de maior envergadura e musculatura, o qual se denomina de princípio. (Silva, 2013, p. 47)

Na Constituição Federal, são contemplados inúmeros princípios gerais, válidos e aplicados em todo o ordenamento jurídico. No entanto, aqui serão abordados somente os princípios que se refletem no direito tributário.

O **princípio da legalidade**, expresso no art. 5º, II, da Constituição Federal, tem um papel de extrema importância no ordenamento jurídico brasileiro, projetando-se por todos os ramos do direito. A partir dele, ninguém será obrigado a fazer ou deixar de fazer alguma coisa senão em virtude da lei.

Tal princípio varia conforme o seu destinatário: particulares ou Administração Pública. Os particulares somente serão obrigados a fazer o que estiver previsto em lei, não lhes sendo vedada a prática de atos não previstos. Já a Administração Pública só pode realizar o que está previsto em lei, sendo vetado fazer tudo o que não está.

No âmbito tributário, o princípio da legalidade é encontrado no art. 150, II, da Constituição Federal, e é denominado *princípio da legalidade tributária*, ou *princípio da reserva legal*.

Conforme afirma Carrazza (2006, p. 246), reproduzindo os ensinamentos de Jose Juan Ferreiro Lapatza, o princípio da legalidade tributária "trata de garantir essencialmente a exigência de autoimposição, isto é, que sejam os próprios cidadãos, por meio de seus representantes, que determinem a repartição da carga tributária e, em consequência, os tributos que, de cada um deles, podem ser exigidos".

Desse modo, o patrimônio dos contribuintes só pode ser atingido nos casos e modos previstos em lei. A lei deve, impreterivelmente, ser abstrata, genérica, igual para todos, irretroativa, não confiscatória etc., respeitando todos os preceitos constitucionais.

O tributo só pode ser criado por lei, que deve conter todos os elementos da regra-matriz de incidência (hipótese de incidência e consequente tributário). Além disso, só a lei pode criar deveres instrumentais tributários, regular a forma e a época de pagamento dos tributos, bem como definir as formas de lançamento e os órgãos e repartições competentes para fazê-lo, cobrá-los e fiscalizar o seu pagamento.

O princípio da legalidade abrange todos os tributos, não só impostos, mas também taxas e contribuições de melhoria.

No sistema tributário brasileiro, a lei é de extrema importância. Só ela pode disciplinar as questões referentes à criação e à extinção de tributo, assim como o aumento e a diminuição de sua alíquota, alcançando inclusive os atos administrativos.

Como desdobramento do princípio da legalidade, expresso no art. 150, I, da Constituição Federal, encontra-se o **princípio da estrita legalidade ou tipicidade**, que condiciona a atuação de qualquer ente público à exigência de autorização legal. Quer dizer, os entes públicos só poderão instituir um tributo se houver lei anterior que preveja os elementos descritores do fato jurídico e prescritores da relação obrigacional.

Como se pode observar, o princípio da legalidade, quando aplicado no campo do direito tributário, é concebido de forma mais severa, consubstanciando uma verdadeira tipicidade tributária. Desse modo, o patrimônio dos contribuintes só pode ser atingido nos casos e modos previstos em lei.

Segundo Carrazza (2006, p. 250),

o princípio da legalidade no Direito Tributário, não exige, apenas, que a atuação do Fisco rime com uma lei material (simples preeminência da lei). Mais do que isto, determina que cada ato concreto do Fisco, que importe na exigência de um tributo, seja rigorosamente autorizado por uma lei.

Como se vê, todos os elementos essenciais do tributo que influenciem no *an* e no *quantum* da obrigação tributária devem constar em lei para que se considere aplicado o princípio da legalidade.

A regra-matriz de incidência define a incidência de um tributo, descrevendo fatos e estipulando os sujeitos da relação. Quando se fala de *incidência* de uma norma tributária, está se abordando a subsunção de um fato (fato jurídico tributário) ao desenho normativo da hipótese.

Quer dizer, só existirá obrigação tributária quando se realizar, no plano concreto, o fato jurídico tributário.

Segundo Carvalho (2009, p. 280, grifo do original):

> Para que seja [...] **fato jurídico tributário**, a ocorrência da vida real, descrita no suposto da norma individual e concreta expedida pelo órgão competente, tem de satisfazer todos os critérios identificadores tipificados na hipótese de norma geral e abstrata. Que apenas um não seja reconhecido, e a dinâmica que descrevemos ficará inteiramente comprometida.

Com efeito, a lei tributária somente poderá ser aplicada quando restar concretizado no plano ontológico o fato jurídico tributário, de modo que, para que seja exigível a obrigação tributária, por força do princípio da legalidade e de seu desdobramento, o princípio da tipicidade, esse enquadramento do fato à hipótese normativa tem de ser completo.

Nesse sentido, Geraldo Ataliba e Aires Barreto (1989, p. 73-96) afirmam:

> Não basta, outrossim, que a lei contemple todos os critérios (material, temporal, espacial, pessoal e quantitativo). É imperioso que, nos fatos concretamente ocorridos, seja possível reconhecer cada um desses aspectos ou critérios descritos pela norma. Se, nada obstante a minudência da lei em descrever todos os critérios, não se pode reconhecer todos eles, nos fatos que se pretende alcançar, um só que falte impede o nascimento da obrigação tributária.

Portanto, só poderá existir uma obrigação tributária se os fatos descritos na regra-matriz de incidência ocorrerem no mundo fenomênico.

Não obstante, a rigidez da Constituição Federal e da aplicação do princípio da legalidade está prevista no texto constitucional. Para algumas situações excepcionais, pode haver a atenuação desse princípio em virtude da urgência e da relevância que tais exceções demandam. As exceções consistem no empréstimo compulsório, instituído em caso de guerra e calamidade pública, e na faculdade que tem o Poder Executivo de alterar, dentro de determinados limites, as alíquotas dos impostos de importação e exportação (Imposto sobre Produtos Industrializados – IPI e Imposto sobre Operações Financeiras – IOF).

Já quando se fala na vigência de qualquer dispositivo legal, o art. 5º, XXXVI, da Constituição estabelece que as leis não podem retroagir, alcançando o direito adquirido, o ato jurídico perfeito e a coisa julgada, consagrando o princípio da irretroatividade.

O **princípio da irretroatividade** estabelece que uma norma, quando instituída, deve regular fatos futuros, garantindo a segurança jurídica. Assim, garante ao contribuinte o direito de cumprir com o pagamento do tributo conforme a legislação vigente no momento que ocorreu o fato gerador (Borges; Reis, 2015). Qualquer lesão a esse princípio, segundo Carvalho (2009, p. 168, grifo do original), "representará, ao mesmo tempo, uma investida à estabilidade dos súditos e um ataque direto ao bem da **certeza do direito**".

Apesar de desnecessário, haja vista que o preceito do art. 5º é estendido a todo o ordenamento jurídico, o legislador constituinte, quando tratou da matéria tributária, institui no art. 150, III, da Constituição Federal o princípio da irretroatividade tributária. Tal princípio estabelece a irretroatividade da norma tributária, proibindo que a lei nova alcance fatos geradores passados.

Isso ocorre para que o contribuinte não seja surpreendido com o aumento ou a instituição de carga tributária. Um tributo criado ou majorado precisa respeitar as regras do princípio da anterioridade, que veremos a seguir.

O princípio da irretroatividade, como toda regra, comporta exceções estabelecidas no texto constitucional, são elas: os impostos extraordinários de guerra; os empréstimos compulsórios por motivo de guerra ou em razão de calamidade pública, em decorrência da urgência da situação e da exigência de recursos imediatos; a concessão para alterar alíquotas, respeitando os limites impostos pela lei, dos impostos de importação e exportação (II e IE), imposto sobre produtos industrializados (IPI), imposto sobre operações de crédito, câmbio, seguros, títulos e valores mobiliários (IOF), pelo Poder Executivo.

Ademais, não se é vedada a retroatividade de normas que beneficiem os seus destinatários, ou seja, que reduzam ou dispensem a exigibilidade do tributo.

Além da irretroatividade, também está previsto no texto constitucional o **princípio da anterioridade**, que se divide em *geral* e *nonagesimal*.

Objetivando implementar o princípio da segurança jurídica, de modo que o contribuinte não seja surpreendido com a exigência inesperada de um tributo, a Constituição Federal, em seu art. 150, III, b, estabelece a anterioridade geral.

Segundo o princípio da anterioridade, a vigência da lei que estabelece o aumento de um tributo ou a revogação de isenções fica protraída para o ano seguinte ao de sua publicação, ano esse que, segundo Carvalho (2009, p. 175), é o "momento em que o ato se insere no contexto comunicacional do direito".

Excetuam-se dessa regra os casos descritos no art. 150, parágrafo 1º, da Constituição Federal e os empréstimos compulsórios. Além disso, as contribuições destinadas ao financiamento da seguridade social também não se sujeitam ao princípio da anterioridade geral.

No entanto, muitas vezes o princípio da anterioridade geral não é suficiente para garantir o direito dos contribuintes e a segurança jurídica. Em decorrência disso, foi instituído, por intermédio da Emenda Constitucional n. 42, de 19 de dezembro de 2003, a anterioridade nonagesimal, estabelecida na alínea c do art. 150, III, da Constituição:

> Art. 150. Sem prejuízo de outras garantias asseguradas ao contribuinte, é vedado à União, aos Estados, ao Distrito Federal e aos Municípios [...]
>
> III – cobrar tributos [...]
>
> c) antes de decorridos noventa dias da data em que haja sido publicada a lei que os instituiu ou aumentou, observado o disposto na alínea b. (Brasil, 1988)

A anterioridade nonagesimal veda a cobrança de tributos antes de decorridos 90 dias da data em que foi publicada a lei que os instituiu ou aumentou, observado o disposto na alínea b.

Diante do exposto, conclui-se que um tributo recém-instituído ou aumentado é exigível apenas no exercício financeiro seguinte e depois de decorridos 90 dias de seu aumento ou sua instituição. Ficam excepcionados da regra de anterioridade nonagesimal os impostos previstos no art. 153, I, II, III e V, da Constituição Federal, os impostos extraordinários, os empréstimos compulsórios nos casos previstos no art. 148, I, da Carta Magna, assim como a fixação de bases de cálculo dos impostos incidentes sobre a propriedade de veículos automotores (IPVA) e sobre a propriedade predial e territorial urbana (IPTU).

Além desses princípios, há, ainda, o **princípio da igualdade**, consagrado no art. 5º, *caput*, da Constituição Federal, que estabelece:

> Art. 5º Todos são iguais perante a lei, sem distinção de qualquer natureza, garantindo-se aos brasileiros e aos estrangeiros residentes no País a inviolabilidade do direito à vida, à liberdade, à igualdade, à segurança e à propriedade. (Brasil, 1988)

O destinatário desse princípio, segundo Carvalho (2009, p. 167), é o legislador infraconstitucional, os órgãos da atividade legislativa e todos aqueles que expedirem normas dotadas de juridicidade.

Tal princípio se desdobra, no campo da tributação, no **princípio da isonomia tributária**, disposto no art. 150, II, da Constituição Federal, que assim estabelece:

> Art. 150. Sem prejuízo de outras garantias asseguradas ao contribuinte, é vedado à União, aos Estados, ao Distrito Federal e aos Municípios: [...]

II – instituir tratamento desigual entre contribuintes que se encontrem em situação equivalente, proibida qualquer distinção em razão de ocupação profissional ou função por eles exercida, independentemente da denominação jurídica dos rendimentos, títulos ou direitos; [...]. (Brasil, 1988)

Sob uma perspectiva material, concreta, tal artigo é vago até certo ponto, pois nenhum indivíduo está na mesma situação que outro, uma vez que cada um tem a sua peculiaridade, levando a uma análise muitas vezes equivocada do princípio da isonomia tributária.

Para que a norma seja considerada isonômica, ela não pode singularizar o destinatário da norma, ou seja, diferenciar o regime para um determinado indivíduo ou grupo. A norma precisa ser genérica, e todo aquele que se enquadrar em seus requisitos genéricos será destinatário. Além disso, precisa identificar o fator de discrímen (responsável pela ruptura da ordem isonômica), fator esse que deve atender aos valores constitucionais e guardar pertinência lógica entre o critério de diferenciação e a disparidade do regime tributário.

Em decorrência disso, admite-se o tratamento desigual de contribuintes desde que a norma prescreva e o justifique. O contribuinte que está em situação diferente pode pedir a subsunção em um regime tributário diferenciado, respeitando principalmente a sua capacidade contributiva.

Com base nisso, o princípio da isonomia desdobra-se no **princípio da capacidade contributiva**, previsto no art. 145, parágrafo 1º, da Constituição Federal, que assim estabelece:

Art. 145: [...] § 1º Sempre que possível, os impostos terão caráter pessoal e serão graduados segundo a capacidade econômica do contribuinte, facultado à administração tributária, especialmente para conferir efetividade a esses objetivos, identificar, respeitados os direitos individuais e nos termos da lei, o patrimônio, os rendimentos e as atividades econômicas do contribuinte. (Brasil, 1988)

No ordenamento jurídico, tal princípio é uma sistemática de tributação que garante ao indivíduo, destinatário da norma tributária, não sofrer uma retirada exacerbada de parcela de seu patrimônio, sua riqueza. A tributação não pode ser tão onerosa a ponto de acabar com a riqueza que iniciou a obrigação tributária.

O princípio da capacidade contributiva surge como uma determinação de um nível ideal de tributação que possibilita ao Estado desenvolver a sua atividade sem exaurir dos contribuintes recursos além dos devidos.

Portanto, é lógico concluir que, para que se efetive o princípio da capacidade contributiva, é preciso mensurar o patrimônio do contribuinte. Tal mensuração só pode ser realizada quando ocorrer o fato gerador, afinal, é apenas com a subsunção do fato à norma que se estará diante da realização de toda a regra-matriz de incidência tributária.

Nesse contexto, cabe diferenciar capacidade econômica e capacidade contributiva. Esta é toda riqueza que excede o mínimo vital (fundamental para a existência digna) e aquela, qualquer espécie de exteriorização de riqueza.

Sem dúvida, esse preceito constitucional é uma aplicação direta do princípio da igualdade e de todos os demais princípios que se relacionam com ele. Ele surge no ordenamento jurídico para garantir e respeitar o direito de todos os contribuintes, atendendo às peculiaridades de cada um, impedindo que os tributos sejam utilizados de modo confiscatório e criando um modelo de sistema tributário mais justo.

Cabe ressaltar que todos os princípios têm fundamental importância para o sistema tributário. Contudo, os tributos devem ser empregados não só no financiamento da atividade do Estado, mas também no estímulo e no desestímulo de condutas convenientes ou nocivas ao interesse público. Tal situação é denominada *extrafiscalidade* – o uso de meios tributários para fins não fiscais, objetivando disciplinar o comportamento dos contribuintes.

A Constituição Federal, no art. 155, parágrafo 2º, III, estabelece que o Imposto sobre Circulação de Mercadorias e Serviços (ICMS) será um instrumento de parafiscalidade, uma vez que "poderá ser seletivo, em função da essencialidade das mercadorias e dos serviços" (Brasil, 1988).

Seguindo os ensinamentos de Carrazza (2007), apesar do emprego do termo *poderá*, o dispositivo constitucional é uma norma cogente, que impõe a obrigatoriedade da ocorrência da seletividade no ICMS.

Contrariando tal posicionamento, Hugo de Brito Machado (1999) defende que o constituinte apenas admitiu o caráter seletivo do ICMS, não prevendo nenhuma imposição expressa.

Tendo como base todos os princípios estabelecidos constitucionalmente, parece mais coerente o entendimento de Carrazza (2007), uma vez que a imposição da seletividade dará mais efetividade e eficácia a inúmeros princípios constitucionais, como é o caso do princípio da capacidade contributiva.

A seletividade, segundo afirma Carrazza (2007), torna o ICMS um instrumento de ordenação político-econômico, na medida em que estimula a prática de operações ou prestações concebidas como úteis e convenientes para o país e, em contranota, onera outras que não atendam de modo tão direito o interesse nacional.

O **princípio da seletividade** consiste no estabelecimento de alíquotas na razão inversa a necessidade dos produtos. Além do ICMS, também será seletivo o IPI, por força do disposto no art. 153, parágrafo 3º, IV, da Constituição. Em síntese, tal diretriz axiológica traz a possibilidade de o legislador atuar de modo a elevar ou diminuir a carga tributária por meio da alíquota de produtos, mercadorias e serviços. Assim, a seletividade tributária determina que sejam tributados mercadorias, produtos ou serviços em proporção inversa à sua essencialidade. Logo, quanto maior for a essencialidade do produto industrializado ou da mercadoria/do serviço, menor será o ônus tributário desses impostos.

Deve-se notar que há uma preocupação do legislador em preservar a capacidade contributiva ao onerar produtos tidos como essenciais de uma forma diversa daqueles tido como dispensáveis.

José Roberto Vieira (1993, p. 127), tomando como exemplo o IPI, assim ilustra tal situação:

> quanto mais imprescindíveis os produtos para satisfazer as necessidades básicas da população, e, portanto, quanto mais essenciais, tanto menores deverão ser suas alíquotas do IPI, assegurando-lhes um tratamento brando e suave; e quanto menos indispensáveis os produtos, raiando pela esfera da superfluidade, e, portanto, quanto menos essenciais tanto maiores deverão ser suas alíquotas do IPI.

Portanto, as operações relacionadas aos produtos em que se aplicam alíquotas diferenciadas sofrerão uma incidência de diferentes graus de intensidade tributária. Tal situação, além de influenciar diretamente na conduta dos contribuintes, atua para garantir a aplicação das vertentes axiológicas do sistema tributário.

Outro importante preceito constitucional tributário é o princípio da não cumulatividade. Trata-se de um princípio do tipo limite objetivo, logo "impõe técnica segundo a qual o valor de tributo devido em cada operação será compensado com a quantia incidente sobre as anteriores" (Carvalho, 2009, p. 186). Esse princípio pode ser aplicado no ICMS, no IPI, nos impostos de competência residual e nas contribuições sobre novas fontes de custeio da seguridade social.

Tal comando confere ao sujeito passivo o direito de deduzir em cada operação os valores apurados nas operações passadas. Isso significa dizer que surge, no momento de incidência do tributo, um direito de crédito para os contribuintes contra os estados e o Distrito Federal.

Segundo ensina Carrazza (2007), quando o texto constitucional utiliza a expressão "compensando-se o que for devido", está conferindo diretamente ao sujeito passivo do ICMS o direito de abatimento, oponível *ipso facto* ao Poder Público, quando este agir de modo inconstitucional na cobrança ou instituição do tributo.

Destaca-se a lição de Ricardo Ferreira Bolan (2004, p. 64):

> o direito de crédito do ICMS é atribuído diretamente pela Constituição àquele que adquire bens, mercadorias ou toma serviços de transporte (interestadual ou intermunicipal) ou de comunicação, sendo, destarte, indisponível tanto pelo legislador quanto pelo Fisco Estadual e, até mesmo, pelos particulares que dele se beneficiam.

Paulo de Barros Carvalho (1981, p. 376) também se manifesta:

o primado da não cumulatividade é uma determinação constitucional que deve ser cumprida, assim por aqueles que dela se beneficiam, como pelos próprios agentes da Administração Pública. E tanto é verdade, que a prática reiterada pela aplicação cotidiana do plexo de normas relativas ao ICMS e ao IPI consagra a obrigatoriedade do funcionário, encarregado de apurar a quantia devida pelo "contribuinte" de considerar-lhe os créditos, ainda que contra sua vontade.

Portanto, o princípio da não cumulatividade não é uma mera sugestão, é um comando imperativo que dá ao contribuinte um direito subjetivo que deve ser observado.

Vejamos a lição de Sacha Calmon Navarro Coêlho (2005, p. 583):

> os contribuintes são titulares de um direito subjetivo à imediata restituição (*facultas agendi*) de raiz constitucional, ou seja, previsto na própria Lei Maior. Trata-se de direito sobranceiro que para ser exercido desnecessita de qualquer fundamento legal que não aquele fincado na Constituição. A contrário senso, toda legislação (lei complementar, lei ordinária ou decreto regulamentar) que contrariar o querer constitucional será inconstitucional.

Cabe ressaltar que, por intermédio do princípio da não cumulatividade, não só os contribuintes de direito como também os de fato se beneficiaram, uma vez que o consumidor final passou a ter acesso a preços mais reduzidos ou menos onerados pela carga de tributos.

Portanto, nota-se que tal princípio tutela de uma forma mais ampla o interesse econômico nacional, o que só destaca a sua relevância para o ordenamento jurídico.

1.6 Imunidades tributárias

O conceito de **imunidade tributária** é amplamente discutido pela doutrina. Uma parcela de doutrinadores afirma que a imunidade é uma hipótese de não incidência, pois impede que as normas tributárias incidam sobre determinados fatos. Além disso, esses especialistas alegam que as imunidades servem para limitar a competência tributária, excluindo o poder tributário dos entes políticos.

No entanto, tais concepções são amplamente criticadas por Carvalho (2009). O autor afirma que não se pode falar em uma hipótese de não incidência, pois, ao se aceitar que a imunidade impede a norma que se refere à competência de incidir, admite-se a possibilidade da ineficácia de uma norma constitucional, o que é inaceitável em nosso ordenamento jurídico. Além disso, as normas de competência e de imunidade são regras de estrutura, ao contrário das normas de incidência, que são preceitos de condutas.

Não se pode falar também em limitação da competência tributária, pois, uma vez que a Constituição Federal não deu ao legislador ordinário a possibilidade de inovar ou modificar a competência, não há nada a ser limitado. Nesse contexto, as normas de imunidade contribuem apenas para traçar o desenho da competência, para demarcá-la.

Também não se pode afirmar que a imunidade surge como uma forma de exclusão ou supressão da competência tributária. Destaca-se a crítica de Carvalho (2009, p. 193):

> A imunidade não exclui nem suprime competências, uma vez que estas representam o resultado de uma conjunção de normas constitucionais, entre elas as de imunidade tributária. A competência para legislar, quando surge,

já vem com as demarcações que os preceitos da Constituição já fixaram.

Com base em tais críticas, Carvalho (2009, p. 193) assim conceitua o fenômeno da imunidade:

> a classe finita e imediatamente determinável de normas jurídicas, contidas no texto da Constituição Federal, e que estabelecem, de modo expresso, a incompetência das pessoas políticas de direito constitucional interno para expedir regras instituidoras de tributos que alcancem situações específicas e suficientemente caracterizadas.

Desse modo, *imunidade tributária* pode ser compreendida como "a ausência do poder de tributar delimitada pela Constituição, que impede o exercício da competência tributária pelos entes federativos sobre determinadas pessoas, atividades ou bens, em razão da proteção e incentivo a valores fundamentais de uma sociedade" (Pichiliani, 2018, p. 157).

Nesse sentido, Carrazza (2006, p. 485) assim se manifesta:

> As normas constitucionais que, direta ou indiretamente, tratam do assunto fixam, por assim dizer, a incompetência das entidades tributantes para onerar, com exações, certas pessoas, seja em função de sua natureza jurídica, seja porque coligadas a determinados fatos, bens ou situações.

Superado o conceito de imunidade, faz-se necessário diferenciar tal fenômeno do instituto da **isenção**.

Muitos traçam paralelos entre imunidades e isenções, justificando tal paralelismo ao fato de ambos serem hipóteses em que inexiste o dever prestacional tributário.

Contudo, Carvalho (2009) afirma que não há justificativas para se procurar similaridades entre imunidade e isenção, uma vez que tais proposições normativas ocupam espaços diferentes no ordenamento jurídico. Desse modo, pode-se dizer que são irrisórias as similaridades existentes entre elas.

As imunidades, como já demonstrado, são normas constitucionais que colaboram para o desenho da competência tributária, atuando em um momento anterior à incidência da norma tributária. Já as isenções decorrem de legislação infraconstitucional e atuam no momento de incidência da norma tributária, reduzindo o campo de abrangência dos critérios da hipótese de incidência ou do consequente tributário da regra-matriz de incidência do tributo.

Tratam-se, portanto, de institutos distintos que, segundo Carvalho (2009, p. 205), "não se interpenetram, mantendo qualquer tipo de relacionamento no processo de derivação ou fundamentação, a não ser em termos muito oblíquos e indiretos".

Como já mencionado, as imunidades decorrem de normas constitucionais e surgem não só para delinear a competência tributária, mas também para preservar preceitos constitucionais.

No texto constitucional, encontramos duas formas de imunidade: as genéricas (alcançam todos ou inúmeros impostos) e as específicas (dizem respeito apenas a um único imposto).

As **imunidades genéricas** são encontradas no art. 150, VI, da Constituição Federal, são elas: a imunidade recíproca, a imunidade dos templos de qualquer culto, a imunidade dos partidos políticos e das instituições educacionais ou assistenciais e a imunidade dos livros, periódicos e do papel destinado à sua impressão.

A imunidade recíproca, prevista no art. 150, VI, a, da Constituição Federal, decorre diretamente do princípio da isonomia e do princípio federativo e veda aos entes políticos exercitarem suas competências sobre o patrimônio, a renda e os serviços uns dos outros; é aplicada extensivamente às autarquias.

Segundo afirma Carrazza (2006), a tributação pressupõe a existência de um estado de sujeição entre o tributo e quem é tributado. Ocorre que, entre os entes federados, existe uma igualdade jurídica, um não se sobrepõe ao outro, restando injustificada a tributação recíproca.

Já a imunidade dos templos de qualquer culto é uma reafirmação do princípio da liberdade de crença e da prática religiosa, estabelecido no art. 5º, VI e VIII, da Constituição Federal. Surge para que nenhum obstáculo seja criado para impedir ou dificultar os direitos de todos os cidadãos, inclusive a incidência de impostos.

Estabelecida no art. 150, VI, c, da Constituição Federal, está a imunidade que veda ao Poder Público atingir, por meio de imposto, o patrimônio, a renda e os serviços dos partidos políticos e instituições educacionais ou assistenciais, desde que observados os requisitos da lei. Isso ocorre porque os partidos políticos e as entidades educacionais e assistenciais são de extrema importância para a sociedade, desenvolvendo, inclusive, atividades que seriam, a princípio, obrigação do Estado desempenhar.

E, por fim, há a imunidade dos livros, dos periódicos e do papel destinado à impressão, estabelecida no art. 150, VI, d, da Constituição Federal, que visa garantir a liberdade de comunicação e de pensamento ao mesmo tempo em que propaga a cultura e a educação para toda a sociedade.

Além dessas hipóteses de imunidade, o texto constitucional estabelece outros casos em que o legislador ordinário é incompetente para atribuir impostos a pessoas, coisas ou estados de coisas – são as **imunidades específicas**. Como exemplos, temos o art. 153, parágrafo 3º, III, da Constituição Federal, que trata da imunidade na qual o IPI não incidirá sobre produtos industrializados destinados ao exterior; o art. 153, parágrafo 4º, II, o qual preconiza que o imposto territorial rural não incidirá sobre pequenas glebas rurais, definidas em lei, quando as explore, só ou com sua família, o proprietário que não possua outro imóvel; as hipóteses mencionadas no art. 155, parágrafo 2º, X, a, b e c, que trata do ICMS, e no art. 156, parágrafo 3º, II, da Constituição Federal, que versa sobre a exclusão da incidência do Imposto sobre Serviços de Qualquer Natureza (ISS) em relação a exportações de serviços para o exterior.

1.7 Competência tributária

Em decorrência de determinações constitucionais, no nosso sistema tributário não há como se falar em uma atuação livre da força tributante estatal. Sobre isso, afirma Carrazza (2006, p. 469): "cada uma das pessoas políticas não possui em nosso país, poder tributário (manifestações de *ius imperium* do Estado), mas competência tributária (manifestações da autonomia da pessoa política e, assim, sujeita ao ordenamento jurídico-constitucional)".

No Brasil, não se pode dizer que os entes políticos têm poder de tributar, pois poder tributário só tinha a Assembleia Constituinte, que tudo podia fazer, inclusive em matéria tributária. A partir da promulgação da Constituição, o poder tributário retornou ao povo, passando a existir, em seu lugar, a competência tributária, distribuída entre os entes políticos.

No âmbito do direito tributário, conceitua-se *competência* como uma autorização constitucional para que os entes políticos criem, *in abstracto*, tributos.

Na lição de Carrazza (2006, p. 471): "competência tributária é a possibilidade de criar, *in abstracto*, tributos, descrevendo, legislativamente, suas hipóteses de incidência, seus sujeitos ativos, seus sujeitos passivos, suas bases de cálculo e suas alíquotas".

Ou, conforme afirma Carvalho (2009, p. 235): "a competência tributária, em síntese, é uma das parcelas entre as prerrogativas legiferantes de que são portadoras as pessoas políticas, consubstanciada na possibilidade de legislar para a produção de normas jurídicas sobre tributos".

Assim, de acordo com o sistema federativo adotado no Brasil,

> a competência para instituir e cobrar tributos é partilhada entre os diversos níveis de governo: a União, os estados, o Distrito Federal e os municípios. É por essa razão que existem impostos federais, estaduais e municipais, pois estes correspondem à parcela do poder de tributar concedida a cada ente federativo. (Glasenapp, 2016, p. 48)

A competência tributária é uma matéria eminentemente constitucional, eis que a Lei Maior tratou de forma minuciosa e exaustiva a competência de cada ente federado, assim como impôs limites ao exercício, de modo que não podem existir conflitos ou desarmonias.

Segundo Carrazza (2006), a Constituição Federal tem as chamadas *normas de estrutura*, que determinam o processo de criação das demais normas. As normas de competência pertencem a essa categoria de normas, autorizando o Legislativo dos entes federados a criar, *in abstracto*, tributos, assim como determinar a forma de arrecadação e de lançamento.

As regras de competência se destinam ao legislador ordinário e o impedem de editar leis (*lato sensu*) que desrespeitem os preceitos constitucionais, garantindo os direitos dos contribuintes.

Além disso, cada ente federado recebe da Constituição Federal a titularidade para instituir um tributo, logo, será incompetente qualquer outra pessoa política que não o titular da competência tributária e que tente instituir um tributo não autorizado pelo texto constitucional.

Tal situação é facilmente ilustrada por Celso Ribeiro Bastos (2001, p. 126), com a afirmação de que "não cria o tributo quem quer, mas quem pode".

No caso de incompetência, a própria Constituição Federal explicita modos de solucionar o problema, afastando o ato feito e retornando este a seu *status quo*.

1.7.1 Competência tributária no Código Tributário Nacional (CTN)

Como se pode concluir, a matéria de competência tributária foi esgotada no âmbito constitucional, não necessitando de regulamentação no nível infraconstitucional.

Nesse sentido, ensina Carvalho (2009, p. 249): "Uma vez cristalizada a limitação do poder legiferante, pelo seu legítimo agente (o constituinte), a matéria se dá por norma pronta e acabada, carecendo de sentido sua reabertura em nível infraconstitucional".

Apesar disso, o legislador ordinário resolveu tratar da matéria de competência no CTN, a partir do art. 6º até o art. 15 da referida lei.

Tais dispositivos, no entender de Carvalho (2009, p. 250), "exprimem, na sua maioria, repetições inócuas do Texto Maior, remanescendo poucas disposições aproveitáveis para a racionalidade do sistema tributário brasileiro".

O entendimento de Paulo de Barros Carvalho (2009) é de todo coerente, pois basta uma breve análise do texto do CTN para se notar inúmeras impropriedades e confusões trazidas pelo legislador ordinário. Em decorrência disso, será visto apenas o estudo das disposições constitucionais que versam sobre competência tributária.

1.7.2 Características da competência tributária

A Constituição Federal, em suma, confere para determinadas pessoas jurídicas de direito público a faculdade potencial de criar tributos por intermédio de lei. É facultado, ainda, aos titulares da competência tributária o exercício dessa faculdade, podendo eles deixar de exercitá-la, exercitá-la em partes ou perdoar o débito tributário, tudo com base em lei.

Todavia, a competência tributária não pode ser substancialmente modificada, alienada ou renunciada por seu titular. Segundo Carrazza (2006, p. 474), "as pessoas políticas, sendo simples delegadas, não têm poderes para alterar as faculdades tributárias que lhes foram atribuídas pela Carta Suprema".

Com base nisso, Carrazza (2006) caracteriza a competência tributária pela privatividade, indelegabilidade, irrenunciabilidade, incaducabilidade, inalterabilidade e facultatividade do exercício.

A privatividade decorre do fato de a Constituição Federal ter atribuído, exclusivamente a cada ente político, a faculdade de instituir tributo, isto é, eles são titulares de uma faixa de competência exclusiva.

Quando a Constituição atribui competência a um determinado ente, ela está, ao mesmo tempo, negando a competência dos demais, ou seja, aqueles entes que não têm a titularidade da competência estão proibidos de exercê-la sob pena de estarem incorrendo em uma inconstitucionalidade

Nesse sentido, Bastos (2001, p. 126) afirma:

a Constituição dá a titularidade dos tributos à União, aos Estados e aos Municípios. Ao assim fazê-lo, a Constituição Federal torna cada um desses tributos privativos da pessoa beneficiada, o que significa dizer que o tributo lhe pertence de forma exclusiva. Qualquer outra pessoa que tente instituí-lo será incompetente.

A competência é matéria de ordem pública, de modo que os entes federados não podem usurpar competência tributária alheia nem consentir que outros utilizem a sua própria competência. A criação de tributos por entes políticos incompetentes viola diretamente os preceitos constitucionais. Uma vez instituído tributo por um ente incompetente, a lei que originou a obrigação tributária será considerada nula, não produzindo nenhum efeito.

As características de indelegabilidade e irrenunciabilidade decorrem do fato de os entes políticos não poderem renunciar ou delegar a terceiros a competência que lhes é dada para instituir tributos.

O ente federado não pode, nem por intermédio de lei, delegar, no todo ou em parte, a competência que lhe é dada pela Lei Maior, uma vez que a competência não é patrimônio da pessoa política que a titulariza. Esta tem a faculdade de exercitá-la, mas não tem disponibilidade sobre ela, devendo se submeter às regras constitucionais.

A competência tributária também é incaducável, ou seja, o não exercício da competência, mesmo que por um longo período de tempo, não obsta que o seu titular venha a criar tributos que lhe são constitucionalmente deferidos.

Além disso, a competência tributária é inalterável, ou seja, os limites traçados constitucionalmente para o seu exercício não podem ser deslocados, muito menos ampliados ou diminuídos.

Para terminar, é facultado o exercício da competência tributária, pois ele não está sujeito a prazo, logo, o titular pode exercê-lo quando bem entender, desde que esteja autorizado constitucionalmente.

Os entes políticos podem optar entre não utilizar ou utilizar a competência que lhes é atribuída no todo ou em partes. Podem, inclusive, transferir a outras pessoas o direito subjetivo de arrecadar o tributo.

Após tais considerações, é importante destacar as críticas de Paulo de Barros Carvalho (2009) a essas características.

Carvalho (2009) afirma que é inegável a existência da indelegabilidade, irrenunciabilidade e incaducabilidade, no entanto, as demais características são insustentáveis ante o nosso ordenamento jurídico.

A privatividade, segundo afirma o autor, reduz-se à faixa de competência da União, pois o texto constitucional prevê apenas um caso em que ela será aplicada. É o caso do art. 154, II, da Constituição Federal, que autoriza a União, na iminência ou no caso de guerra externa, a legislar sobre impostos ditos *extraordinários*, compreendidos ou não em sua competência tributária.

Já no que diz respeito às demais características, o autor afirma que a inalterabilidade não se aplica na prática no sistema brasileiro, uma vez que é comum a prática de alterações no painel das competências tributárias sem que tenham ocorrido oposições mais graves. No que tange à facultatividade do exercício, o autor afirma que não há dúvida que essa seja uma regra geral. Todavia, a exceção é o ICMS, pois os Estados-membros não podem deixar de legislar sobre tal matéria, sob pena de descaracterizar o imposto, criando uma guerra fiscal que levaria à extinção dessa exação. A situação seria um desastre para os estados, uma vez que o ICMS é uma das principais fontes de arrecadação.

Todavia, apesar de coerente o posicionamento de Carvalho (2009), é preciso levar em consideração a essência de tais características, mesmo que na prática se vislumbre efeitos diversos dos almejados, como no caso da inalterabilidade.

A Lei Maior, quando trata da competência tributária, a contempla com todas as características expostas por Carrazza (2006). No exemplo do ICMS utilizado por Carvalho (2009), é inegável que a ausência dessa forma de tributação poderia acarretar uma guerra fiscal, todavia não há nenhum dispositivo constitucional que obrigue os estados a deixarem de legislar sobre tal exação, restando, portanto, preservada a facultatividade de exercício.

1.7.3 Distribuição e exercício da competência

O tema referente à competência tributária é facilmente encontrado nos dispositivos constitucionais; eis que a Constituição Federal, visando evitar conflitos e invasões de competência, enumerou e distribuiu as competências de cada ente federado.

No Brasil, os titulares da competência tributária são as pessoas políticas, detentoras de um poder legislativo com representação própria, ou seja, a União, os estados, o Distrito Federal e os municípios.

A competência cedida a esses entes políticos varia de acordo com a sua forma de exercício e pode ser privativa, comum, residual e extraordinária.

A **competência privativa**, também denominada *exclusiva*, ocorre quando apenas um ente político tem legitimidade para tributar determinado fato. Tal competência é facilmente observada no caso dos impostos, em que a Lei Maior prescreveu, em um rol taxativo, os impostos que serão instituídos por cada ente federado de acordo com a sua competência.

Já a **competência comum** pode ser atribuída a um ou mais entes políticos; um exemplo é o art. 145, I e II, da Constituição Federal, o qual estabelece que as taxas e a contribuição de melhoria podem ser cobradas por qualquer ente federado, desde que respeitados os limites constitucionais.

A **competência residual**, conforme disposto no art. 154, I, da Constituição, é a prerrogativa dada à União para instituir impostos, mediante lei complementar, que não estejam previstos no texto constitucional.

Por fim, há a **competência extraordinária**, disposta no art. 148 da Constituição Federal, que estabelece situações extraordinárias em que poderão ser instituídos empréstimos compulsórios.

Note-se, como já mencionado: é imprescindível que os entes federados, detentores da competência tributária, respeitem a distribuição feita pela Lei Maior; caso contrário, está-se diante de uma inconstitucionalidade.

É importante ressaltar que a Constituição Federal, apesar de tratar exaustivamente da matéria tributária, definindo as primeiras linhas da regra-matriz de incidência de cada uma das exações, não criou tributos, mas, sim, delimitou a área de imposições tributárias e as dividiu privativamente para cada pessoa política.

Veja-se o entendimento de Carrazza (2006, p. 481):

> tanto no que tange aos impostos, como às taxas e à contribuição de melhoria, a Lei Maior limitou-se a atribuir competências à União, aos Estados, aos Municípios e ao Distrito Federal. Tais exações, porém, só surgirão, *in abstracto*, quando editada, por meio de lei, a norma jurídica tributária e, *in concreto*, quando acontecer, no mundo físico, o fato imponível.

Nesse sentido, Bastos (2001, p. 125) ensina: "a norma de competência inserida na Constituição não cria, por si mesma, o tributo. Pelo contrário, limita-se a dar algumas características que permitam individualizá-lo e, dessa forma, repartir-se a competência entre a União, os Estados e os Municípios".

Portanto, ao exercitar a competência tributária, o legislador deverá seguir à risca a regra-matriz de incidência tributária, predeterminada na Constituição Federal. Nenhuma norma tributária pode exceder os limites constitucionais e muito menos contrariar os preceitos da Carta Magna.

Vale ressaltar que a competência tributária não sai da esfera do Legislativo; uma vez editada a lei que instituiu um tributo, tal competência dá lugar à capacidade ativa tributária. Esta se trata do direito dado aos entes políticos para, após a ocorrência do fato jurídico tributário, arrecadar o tributo, de nada se relacionando com a faculdade de criar tributos, mediante lei.

As pessoas dotadas de capacidade tributária ativa podem arrecadar o tributo e depois repassá-lo ao ente dotado de competência ou, ainda, reter o produto da arrecadação para dar cumprimento à finalidade estabelecida pela lei (parafiscalidade).

A confusão entre tais institutos ocorre porque muitas vezes o ente dotado de competência tributária acaba por se colocar na situação de sujeito ativo, ou seja, além de editar a lei que institui o tributo, é responsável pela sua arrecadação.

No entanto, os titulares da competência tributária podem transferir a capacidade tributária ativa, cabendo a outro arrecadar o tributo. Segundo o art. 7º do CTN, a transferência da capacidade tributária ativa, ou parafiscalidade, é autorizada no ordenamento, podendo ser realizada por meio do instrumento normativo intitulado *convênio*. Assim, "a partir do momento em que dois entes tributantes ou um ente e uma pessoa jurídica assinam o referido instrumento, a cobrança e a fiscalização são transferidas de um para o outro" (Matthes, 2019, p. 78).

Além disso, a capacidade tributária ativa depende do exercício efetivo da competência tributária para existir, portanto, é posterior.

Nesse sentido, Carvalho (2009, p. 235) afirma:

> O estudo da competência tributária é um momento anterior à existência mesma do tributo, situando-se no plano constitucional. Já a capacidade tributária ativa, que tem como contranota a capacidade tributária passiva, é tema a ser considerado no ensejo do desempenho das competências, quando o legislador elege as pessoas competentes do vínculo abstrato, que se instala no instante em que acontece, no mundo físico, o fato previsto na hipótese normativa.

Logo, não se pode confundir competência tributária com capacidade tributária ativa, eis que, por mais que a capacidade tributária ativa seja uma consequência posterior do exercício da competência tributária, são institutos diferentes no ordenamento jurídico.

Como já visto anteriormente, a Constituição Federal determina que os entes federativos (União, estados, municípios e Distrito Federal) podem instituir tributos, como também define quais as modalidades que cada um dos entes pode criar. Assim, para melhor elucidar, serão elencados, a seguir, os tributos que abrangem a competência de cada ente federativo.

Competência tributária da União

A competência da União está prevista nos arts. 153 e 154 da Constituição Federal, os quais definem a possibilidade de a União instituir e arrecadar os tributos a seguir:

1. **Imposto de Importação (II)**: Incide sobre mercadoria estrangeira (equipamentos, máquinas, veículos, aparelhos, instrumentos, peças, acessórios, componentes etc.) e tem como fato gerador a entrada da mercadoria no território nacional.
2. **Imposto de Exportação (IE)**: Incide sobre mercadoria nacional ou nacionalizada (mercadoria estrangeira que sofreu processo de nacionalização) destinada ao exterior.
3. **Imposto sobre a Renda e Proventos de Qualquer Natureza (IR)**: Tributo cobrado anualmente sobre os ganhos da pessoa física ou jurídica, cujas alíquotas diferem conforme a base de cálculo sob análise.
4. **Imposto sobre Produtos Industrializados (IPI)**: Incide sobre os produtos da indústria nacional ou na importação de produtos oriundos do exterior no desembaraço aduaneiro.
5. **Imposto sobre Operações Financeiras (IOF)**: Pago por pessoas físicas ou jurídicas ao realizar uma operação financeira, tais como as operações de crédito, de câmbio, de seguro ou de títulos ou valores imobiliários.
6. **Imposto sobre a Propriedade Territorial Rural (ITR)**: Cobrado anualmente dos proprietários de propriedades rurais; é calculado de acordo com o tamanho da área.
7. **Imposto sobre Grandes Fortunas (IGF)**: É um tributo previsto pela Constituição Federal, porém nunca foi regulamentado e instituído no Brasil. Seria cobrado sobre patrimônios considerados como grandes fortunas.
8. **Empréstimo compulsório**: A criação do empréstimo compulsório depende de lei complementar. Ademais, tem destinação específica e restituível, já que a União tem o dever de devolver o valor pago ao contribuinte.

9. **Contribuições especiais**: Destinam-se ao financiamento da seguridade social, como PIS, Cofins e INSS.
10. **Taxas e contribuição de melhorias de sua competência**: Espécie de tributo vinculado a uma atuação estatal, qual seja, a construção de obra pública que acarrete valorização imobiliária ao patrimônio particular.
11. Contribuições para custear o **regime previdenciário** dos funcionários públicos da União.

Competência tributária dos estados

Prevista no art. 155 da Constituição Federal, os estados podem instituir os seguintes tributos:

1. **Imposto sobre Circulação de Mercadorias e Serviços (ICMS)**: Incide sobre a movimentação de mercadorias em geral, incluindo desde eletrodomésticos até serviços de transporte interestadual e intermunicipal e de comunicação.
2. **Imposto sobre Transmissão *Causa Mortis* e Doação (ITCMD)**: Incide sobre heranças e doações que tenham sido recebidas; suas alíquotas variam de estado para estado.
3. **Imposto sobre a Propriedade de Veículos Automotores (IPVA)**: Tributo de periodicidade anual, que tem como fato gerador a mera propriedade de veículos automotores.
4. **Taxas e contribuição de melhorias da sua competência**: Espécies tributárias que compreendem uma relação em que o Estado realiza algo, de modo a beneficiar direta ou indiretamente a coletividade, devendo, assim, uma contribuição por isso.
5. Contribuições para custear o **regime previdenciário**.

Competência tributária dos municípios

Tem previsão no art. 156 da Constituição Federal e relaciona a possibilidade de criação dos tributos a seguir:

1. **Imposto sobre a Propriedade Predial e Territorial Urbana (IPTU):** Incide sobre pessoas físicas ou jurídicas que tenham propriedade, domínio útil ou posse de propriedade imóvel situada em zona ou extensão urbana.
2. **Imposto sobre Serviços de Qualquer Natureza (ISS):** Incide sobre a prestação de serviços realizada por empresas e profissionais autônomos.
3. **Imposto sobre Transmissão de Bens Imóveis (ITBI):** Incide sobre compra ou transferência de imóveis; é o índice em porcentagem do valor do imóvel e varia de cidade para cidade.
4. **Contribuição para custeio do serviço de iluminação pública:** Prestação pecuniária com pagamento compulsório e previsto no art. 149-A da Constituição Federal.
5. **Taxas e contribuições de melhorias da sua competência:** Espécie de tributo vinculado a uma atuação municipal, qual seja, a construção de obra pública que acarrete valorização imobiliária ao patrimônio particular.
6. Contribuições para custear o **regime previdenciário** dos seus funcionários públicos.

Competência tributária do Distrito Federal

Por ser um ente federativo que apresenta peculiaridades, dispõe a competência tributária que envolve tributos tanto dos estados como dos municípios. Assim, de acordo com o art. 3º do Código Tributário do Distrito Federal (Lei Complementar n. 4, de 30 de dezembro de 1994), o ente poderá criar e arrecadar os seguintes tributos:

1. Impostos sobre a Propriedade Predial e Territorial Urbana (IPTU);
2. Imposto sobre a Propriedade de Veículos Automotores (IPVA);
3. Imposto sobre Transmissão de Bens Imóveis (ITBI);
4. Imposto sobre Transmissão *Causa Mortis* e Doação (ITCMD);
5. Imposto sobre Circulação de Mercadorias e Serviços (ICMS);
6. Imposto sobre Serviços de Qualquer Natureza (ISS).

Para saber mais

FISCHER, O. C.; GRUPENMACHER, B. T.; MACEI, D. M. (Coord.). **Direito tributário e Constituição**. Curitiba: Instituto Memória, 2018.

A obra traz dissertações sobre os mais recentes temas de direito tributário. Com uma análise atualizada e didática, é possível acessar diversas discussões acerca da temática.

Síntese

Neste primeiro capítulo, foram abordadas as noções básicas de tributo e os aspectos gerais do direito tributário por meio da análise da Constituição Federal e do Código Tributário Nacional (CTN).

Assim, foi possível concluir que há a previsão de hipóteses que autorizam os estados a apropriarem-se da riqueza de particulares para o financiamento de sua atividade, de modo a atingir a sua finalidade, qual seja: a promoção do bem-estar comum.

Também se tratou das fontes do direito tributário, que nada mais são que fatos jurídicos criadores de normas tributárias, os quais incidem sobre hipóteses fáticas, que podem ser compreendidas como os acontecimentos do mundo social que instituem e dão origem aos tributos elencados no nosso ordenamento jurídico tributário. Logo, pode-se dizer que o tributo é uma das formas de apropriação.

Observou-se, ainda, que o conjunto de normas da Constituição que versa sobre matéria tributária forma o sistema constitucional tributário. Tal sistema foi desenvolvido pelo legislador constituinte, de modo exaustivo, e prescreve os casos em que os entes políticos podem exercer a tributação, esgotando na Constituição a matéria tributária e delegando ao legislador ordinário apenas a função de regulamentar.

Quanto à competência tributária, a Constituição Federal confere aos entes federados a possibilidade de instituir tributos a partir da descrição de sua regra-matriz de incidência. A competência tributária caracteriza-se pela privatividade de seu exercício, pela indelegabilidade, pela irrenunciabilidade, pela incaducabilidade, pela inalterabilidade e pela facultatividade do exercício. Assim, foram vistos os tributos referentes à União, aos estados, aos municípios e ao Distrito Federal.

Além disso, foram examinados os princípios constitucionais tributários, que são diretrizes presentes na Constituição Federal e que condicionam as normas responsáveis pela instituição dos tributos.

QUESTÕES PARA REVISÃO

1) (FGV/OAB – EXAME II, 2010) De acordo com o Código Tributário Nacional, aplica-se retroativamente a lei tributária na hipótese de:

a. analogia, quando esta favorecer o contribuinte.
b. extinção do tributo, ainda não definitivamente constituído.
c. graduação quanto à natureza de tributo aplicável, desde que não seja hipótese de crime.
d. ato não definitivamente julgado, quando a lei nova lhe comine penalidade menos severa que a prevista na lei vigente ao tempo de sua prática.

2) (FGV/OAB – EXAME XII, 2013) A respeito dos Princípios Tributários Expressos e implícitos, à luz da Constituição da República de 1988, assinale a opção **INCORRETA**.

a. É vedado à União instituir isenções de tributos de competência dos Estados, do Distrito Federal e dos Municípios.
b. O princípio da irretroatividade veda a cobrança de tributos em relação a fatos geradores ocorridos antes do início da vigência da lei que os houver instituído ou aumentado.
c. É vedado aos Estados, ao Distrito Federal e aos Municípios estabelecer diferença tributária entre bens e serviços, de qualquer natureza, em razão de sua procedência ou destino.
d. Pelo princípio da anterioridade, para que os tributos possam ser cobrados a cada exercício, é necessária a prévia autorização na lei orçamentária.

3) (FGV/OAB – EXAME XXVIII, 2019) A União, por meio de lei ordinária, instituiu nova contribuição social (nova fonte de custeio) para financiamento da seguridade social. Para tanto, adotou, além da não cumulatividade, fato

gerador e base de cálculo distintos dos discriminados na Constituição da República.

A referida lei foi publicada em 1º de outubro de 2018, com entrada em vigor em 1º de fevereiro de 2019, determinando, como data de vencimento da contribuição, o dia 1º de março de 2019.

A pessoa jurídica XYZ não realizou o pagamento, razão pela qual, em 10 de março de 2019, foi aconselhada, por seu(sua) advogado(a), a propor uma ação Declaratória de Inexistência de Relação Jurídica, em face da União.

Assinale a opção que indica o fundamento que poderá ser alegado para contestar a nova contribuição.

a. Ela somente poderia ser instituída por meio de Lei Complementar.
b. Ela violou o princípio da anterioridade anual.
c. Ela violou o princípio da anterioridade nonagesimal.
d. Ela somente poderia ser instituída por Emenda Constitucional.

4) (FGV/OAB- EXAME XXXVI, 2022) O Município Beta, após realizar uma grande obra pública de recuperação, ampliação e melhoramentos da praça central do bairro Gama, custeada com recursos próprios, no valor de quinhentos mil reais, e que promoveu uma valorização dos imóveis apenas nesse bairro, decidiu cobrar uma contribuição de melhoria. O referido tributo, instituído mediante lei ordinária específica, foi cobrado de todos os 5 mil proprietários de imóveis privados daquela cidade, em um valor fixo de 200 reais para cada um. José, advogado e morador do bairro Delta, bastante distante do

bairro Gama, se insurge contra a referida contribuição de melhoria. Diante desse cenário, a referida contribuição de melhoria

a. foi corretamente instituída, pois decorre de previsão legal específica, tendo como fato gerador a obra pública realizada.
b. foi corretamente instituída, pois respeitou o princípio da igualdade tributária ao adotar o mesmo valor para todos os contribuintes da cidade.
c. oi incorretamente instituída, por ter atingido imóveis que não se valorizaram por decorrência da obra pública e por ter cobrado valor cujo somatório é superior ao custeio da obra.
d. foi incorretamente instituída, pois só pode ser cobrada nos casos em que a obra pública seja exclusivamente para abertura, alargamento, pavimentação ou iluminação de vias públicas.

5) (FGV. CODEBA. ANALISTA PORTUÁRIO – ADVOGADO, 2015) O Município X realizou o lançamento sobre Propriedade Territorial Urbana – IPTU em face do contribuinte Igreja Cristã ABC, referente ao imóvel onde realiza seus cultos. Por não concordar com o lançamento, a Igreja Cristã ABC ofereceu impugnação ao lançamento. Assinale a opção que indica a possível tese de defesa do contribuinte:

a. O IPTU é devido sobre qualquer propriedade territorial urbana, inclusive sobre o imóvel em que a Igreja Cristã ABC realiza seus cultos.
b. O IPTU não é devido, pois os templos de qualquer culto são isentos desse tributo.

c. O IPTU não incide sobre imóveis onde se realizam cultos, por ausência de previsão legal.

d. O IPTU não é devido, pois os templos de qualquer culto são imunes a qualquer imposto.

e. O IPTU não é devido, pois a Igreja Cristã ABC não possui capacidade tributária.

Questões para reflexão

Leia o acórdão seguinte para responder às questões na sequência.

> Recurso extraordinário. Repercussão geral. Direito tributário. Emenda Constitucional nº 87/2015. ICMS. Operações e prestações em que haja a destinação de bens e serviços a consumidor final não contribuinte do ICMS localizado em estado distinto daquele do remetente. Inovação constitucional. Matéria reservada a lei complementar (art. 146, I e III, a e b; e art. 155, § 2º, XII, a, b, c, d e i, da CF/88). Cláusulas primeira, segunda, terceira e sexta do Convênio ICMS nº 93/15. Inconstitucionalidade. Tratamento tributário diferenciado e favorecido destinado a microempresas e empresas de pequeno porte. Simples Nacional. Matéria reservada a lei complementar (art. 146, III, d, e parágrafo único, da CF/88). Cláusula nona do Convênio ICMS nº 93/15. Inconstitucionalidade.

1. A EC nº 87/15 criou nova relação jurídico-tributária entre o remetente do bem ou serviço (contribuinte) e o estado de destino nas operações com bens e serviços destinados a consumidor final não contribuinte do ICMS. O imposto incidente nessas operações e prestações, que antes era devido totalmente ao estado de origem, passou a ser dividido entre dois sujeitos ativos, cabendo ao estado

de origem o ICMS calculado com base na alíquota interestadual e ao estado de destino, o diferencial entre a alíquota interestadual e sua alíquota interna.

2. Convênio interestadual não pode suprir a ausência de lei complementar dispondo sobre obrigação tributária, contribuintes, bases de cálculo/alíquotas e créditos de ICMS nas operações ou prestações interestaduais com consumidor final não contribuinte do imposto, como fizeram as cláusulas primeira, segunda, terceira e sexta do Convênio ICMS nº 93/15.

3. A cláusula nona do Convênio ICMS nº 93/15, ao determinar a extensão da sistemática da EC nº 87/2015 aos optantes do Simples Nacional, adentra no campo material de incidência da LC nº 123/06, que estabelece normas gerais relativas ao tratamento diferenciado e favorecido a ser dispensado às microempresas e às empresas de pequeno porte, à luz do art. 146, III, d, e parágrafo único, da Constituição Federal.

4. Tese fixada para o Tema nº 1.093: "A cobrança do diferencial de alíquota alusivo ao ICMS, conforme introduzido pela Emenda Constitucional nº 87/2015, pressupõe edição de lei complementar veiculando normas gerais".

5. Recurso extraordinário provido, assentando-se a invalidade da cobrança do diferencial de alíquota do ICMS, na forma do Convênio nº 93/1, em operação interestadual envolvendo mercadoria destinada a consumidor final não contribuinte.

6. Modulação dos efeitos da declaração de inconstitucionalidade das cláusulas primeira, segunda, terceira, sexta e nona do convênio questionado, de modo que a decisão produza efeitos, quanto à cláusula nona, desde a data da concessão da medida cautelar nos autos da ADI nº 5.464/DF e, quanto às cláusulas primeira, segunda,

terceira e sexta, a partir do exercício financeiro seguinte à conclusão deste julgamento (2022), aplicando-se a mesma solução em relação às respectivas leis dos estados e do Distrito Federal, para as quais a decisão deverá produzir efeitos a partir do exercício financeiro seguinte à conclusão deste julgamento (2022), exceto no que diz respeito às normas legais que versarem sobre a cláusula nona do Convênio ICMS nº 93/15, cujos efeitos deverão retroagir à data da concessão da medida cautelar nos autos da ADI nº 5.464/DF. Ficam ressalvadas da modulação as ações judiciais em curso.

(RE 1287019, Relator(a): MARCO AURÉLIO, Relator(a) p/ Acórdão: DIAS TOFFOLI, Tribunal Pleno, julgado em 24/02/2021, PROCESSO ELETRÔNICO REPERCUSSÃO GERAL – MÉRITO DJe-099 DIVULG 24-05-2021 PUBLIC 25-05-2021)

Sobre o acórdão citado, responda:

1) O diferencial de alíquota nas operações com bens e serviços destinados a consumidor final não contribuinte do ICMS está previsto no texto constitucional? Indique o instrumento normativo que instituiu o diferencial de alíquota nas operações com bens e serviços destinados a consumidor final não contribuinte do ICMS.

2) Qual foi o motivo que justificou a análise do STF? No que consistiu a inconstitucionalidade alegada?

3) Qual foi a alteração trazida pela Lei Complementar n. 190/2022?

4) Qual a data da entrada em vigor da Lei Complementar n. 190/2022?

5) O diferencial de alíquota poderia ter sido exigido antes da Lei Complementar n. 190/2022 ou o Convênio n. 93/2015 do Confaz pode ser aplicado?

II

Conteúdos do capítulo:

» Regra-matriz de incidência.
» Crédito tributário e lançamento.
» Suspensão da exigibilidade do crédito.
» Extinção das obrigações tributárias.
» Exclusão do crédito tributário.
» Infrações e sanções tributárias.
» Garantia e privilégios do crédito tributário.

Após o estudo deste capítulo, você será capaz de:

1. explicar a regra-matriz de incidência tributária;
2. compreender o crédito tributário e como ocorre o seu lançamento;
3. relacionar os tipos de suspensão de exigibilidade do crédito tributário;
4. indicar as causas de extinção e exclusão do crédito tributário;
5. identificar infrações, sanções e garantias tributárias.

Norma jurídica tributária

2.1 Noções básicas sobre tributo – conceito e espécie

A Constituição Federal de 1988 (Brasil, 1988) prevê e autoriza hipóteses nas quais o Estado pode apropriar-se da riqueza de particulares para financiar a sua atividade e, assim, atingir a sua finalidade, promovendo o bem-estar comum.

A arrecadação é a forma de o Estado auferir receita e se dá por meio de contratos, multa, indenização, adjudicação e tributo. Dentre as formas de arrecadação, o tributo é a principal fonte de receita do Estado e difere-se das demais por sua essência jurídica.

O tributo está definido no art. 3º do Código Tributário Nacional (CTN) – disposto pela Lei n. 5.172, de 25 de outubro de 1966:

> Art. 3º Tributo é toda prestação pecuniária compulsória, em moeda ou cujo valor nela se possa exprimir, que não constitua sanção de ato ilícito, instituída por lei e cobrada mediante atividade administrativa plenamente vinculada. (Brasil, 1966b)

Quando o CTN afirma que o tributo precisa ser instituído por lei, significa que necessita de lei em sentido estrito, ou seja, normas jurídicas tributárias que prescrevem obrigações tributárias principais. Tais normas são conhecidas como **regra-matriz de incidência tributária**.

A regra-matriz de incidência, segundo Carvalho (2009), é composta da hipótese de incidência e do consequente tributário. A **hipótese de incidência** descreve abstratamente o fato jurídico tributário e é fracionada em critério material (descrição da situação reveladora de riqueza relacionada a uma ação humana), critério espacial (local de ocorrência do fato) e critério temporal (momento de ocorrência do fato). Já o **consequente**

tributário descreve a obrigação tributária e pode ser fracionado em critério pessoal (sujeito ativo e sujeito passivo) e critério quantitativo (base de cálculo e alíquota).

O tributo, diferentemente do que muitos pensam, não se limita apenas à ideia de imposto, pois é uma figura genérica; do gênero tributo fazem parte as espécies: imposto, taxa e contribuição de melhoria.

Cabe ressaltar que há uma divergência doutrinária quanto à classificação dos tributos. O CTN, seguindo as diretrizes do art. 145 da Constituição Federal, adotou a teoria tripartida para classificar os tributos com base em sua vinculação com a atuação do Estado na hipótese de incidência. Assim, os tributos são divididos em vinculados direta e indiretamente à atividade estatal e não vinculados.

Os **tributos vinculados diretamente à atuação estatal** são aqueles em que o nascimento da obrigação tributária ocorrerá tão logo o Estado atue; são as denominadas *taxas*. Segundo afirma Carrazza (2006, p. 503): "As taxas são tributos que têm por hipótese de incidência uma atuação estatal diretamente referida ao contribuinte. Esta atuação – consoante reza o art. 145, II, da CF (que traça a regra-matriz das taxas) – pode consistir ou num serviço público, ou num ato de polícia".

Já os **tributos vinculados indiretamente à atuação estatal** dependem da existência de um fato específico para que ocorra a sua incidência. É o caso da contribuição de melhoria, cuja incidência irá ocorrer com a valorização do imóvel de propriedade do contribuinte em decorrência da realização de uma obra pública pelo Poder Público.

Além disso, há os **tributos não vinculados à atividade estatal**, ou seja, aqueles que decorrem exclusivamente de uma ação do contribuinte, como no caso dos impostos. Carrazza (2006, p. 517) afirma que o imposto "é uma modalidade de tributo que tem por hipótese de incidência um fato qualquer, não consistente numa atuação estatal".

2.2 Crédito tributário e lançamento

De acordo com Carvalho (2009, p. 398), o **crédito tributário** pode ser definido "como o direito subjetivo de que é portador o sujeito ativo de uma obrigação tributária e que lhe permite exigir o objeto prestacional, representado por uma importância em dinheiro". Em suma, o crédito tributário nasce no momento que ocorre no espaço físico o evento descrito na regra-matriz de incidência tributária.

O CTN, em seu dispositivo 139, descreve que o crédito tributário decorre de uma obrigação principal e tem a mesma natureza desta. Ou seja, certifica a inerência da dualidade crédito/obrigação.

Ademais, no que tange às modificações que podem ocorrer com o crédito tributário, o art. 140 do CTN demonstra que tais alterações, ocorridas desde seu nascimento até a extinção do crédito, não atingem o vínculo que o originou. Assim, "as circunstâncias modificadoras do crédito, no que toca a sua extensão, a seus efeitos, ou às garantias e privilégios a ele atribuídos, não chegam a abalar o laço obrigacional" (Carvalho, 2009, p. 401).

O art. 141 do CTN descreve:

> Art. 141. O crédito tributário regularmente constituído somente se modifica ou extingue, ou tem sua exigibilidade suspensa ou excluída, nos casos previstos nesta Lei, fora dos quais não podem ser dispensadas, sob pena de responsabilidade funcional na forma da lei, a sua efetivação ou as respectivas garantias. (Brasil, 1966b)

Ao mencionar "crédito tributário regularmente constituído", o art. 114 refere-se ao crédito líquido, ou seja, ao crédito com seu *quantum* determinado, podendo o devedor já reclamá-lo. Ademais, vale mencionar que, quando o legislador citar "constituir o crédito", está se referindo ao ato jurídico administrativo do lançamento, momento em que o agente público aplica a lei ao caso concreto e formaliza a obrigação.

Já o **lançamento tributário** tem previsão no art. 142 do CTN. O dispositivo elenca o lançamento como o procedimento administrativo por meio do qual "a autoridade competente constitui o crédito tributário, verificando a ocorrência do fato gerador, a matéria tributável, calculando o montante do tributo devido, identificando o sujeito passivo e, sendo o caso propondo a aplicação de multa" (Matthes, 2019, p. 233).

De acordo com João Marcelo Rocha (2017), o ato de lançamento representa a confirmação da existência da dívida (conferir certeza) por intermédio do servidor competente da Administração, que mensura de forma exata o seu valor (conferir liquidez). Com isso, "essa verificação de certeza e liquidez, realizada pela Administração, presume-se exata e permite que o Fisco possa, então, exigir seu crédito" (Rocha, 2017, p. 460). Ademais, com o lançamento, constitui-se de forma definitiva o crédito tributário e, em suma, é por meio do lançamento que a autoridade administrativa converte a obrigação tributária em um crédito que possa ser exigido. Desse modo, a partir do lançamento, os sujeitos ativo e passivo se transformam em devedor e credor.

Conforme o art. 144 do CTN, o lançamento reporta-se à data da ocorrência do fato gerador da obrigação e rege-se pela lei então vigente, ainda que posteriormente modificada ou revogada. Em outros termos, pode-se afirmar que, quanto às alíquotas e à base de cálculo, é possível aplicar o princípio *tempus regit actum*.

É importante ressaltar que, apesar de o lançamento servir para constituir o crédito tributário, enquanto existir a possibilidade de revisão, este não estará definitivamente constituído para fins de cobrança. Isso ocorre porque, conforme o art. 145 do CTN, o lançamento ainda é passível de revisão em três situações, quais sejam:

I. em caso de impugnação do sujeito passivo;
II. em caso de recurso de ofício;
III. por iniciativa de ofício da autoridade administrativa, nos casos previstos no art. 149 do CTN.

Nos casos em que houver a impugnação do sujeito passivo, será iniciado um contencioso administrativo tributário, em que o contribuinte terá o direito de contestar e manifestar provas sobre a cobrança imposta pela autoridade.

Já nas situações em que houver o recurso de ofício, "a autoridade, quando vencida na esfera administrativa por impugnação do contribuinte, tem direito à reapreciação da decisão desfavorável, por uma instância superior, mesmo que a Procuradoria não tenha apresentado recurso em tempo hábil" (Matthes, 2019, p. 234).

O art. 149 do CTN apresenta as situações em que a administração poderá revisar de ofício o lançamento, quais sejam:

I - quando a lei assim o determine;
II - quando a declaração não seja prestada por quem de direito no prazo e na forma da legislação tributária;
III - quando a pessoa legalmente obrigada, embora tenha prestado declaração nos termos do inciso anterior, deixe de atender, no prazo e na forma da legislação tributária, a pedido de esclarecimento formulado

pela autoridade administrativa, recuse-se a prestá-lo ou não o preste satisfatoriamente a juízo daquela autoridade;

IV - quando se comprove falsidade, erro ou omissão quanto a qualquer elemento definido na legislação tributária como sendo de declaração obrigatória;

V - quando se comprove omissão ou inexatidão, por parte da pessoa legalmente obrigada, no exercício da atividade a que se refere o art. 150;

VI - quando se comprove ação ou omissão do sujeito passivo, ou de terceiro legalmente obrigado, que dê lugar à aplicação de penalidade pecuniária;

VII - quando se comprove que o sujeito passivo, ou terceiro em benefício daquele, agiu com dolo, fraude ou simulação;

VIII - quando deva ser apreciado fato não conhecido ou não provado por ocasião do lançamento anterior;

IX - quando se comprove que, no lançamento anterior, ocorreu fraude ou falta funcional da autoridade que o efetuou, ou omissão, pela mesma autoridade, de ato ou formalidade especial.

Por fim, antes de adentrar nas modalidades de lançamento, é importante ressaltar que o art. 148 do CTN, apesar de estar elencado no capítulo sobre modalidade de lançamento, trata-se de outra forma de revisão do lançamento anteriormente efetuado, chamado de *arbitramento*. Assim, de acordo com o dispositivo,

> a autoridade administrativa, quando estiver diante de uma declaração apresentada pelo contribuinte, que tenha por base, ou tome em consideração, o valor ou o preço de bens, direitos, serviços ou atos jurídicos, a autoridade lançadora, mediante processo regular, arbitrará aquele valor ou preço, sempre que sejam omissos ou

não mereçam fé nas declarações ou os esclarecimentos prestados, ou os documentos expedidos pelo sujeito passivo ou pelo terceiro legalmente obrigado, ressalvada, em caso de contestação, avaliação contraditória, administrativa ou judicial. (Matthes, 2019, p. 235)

A respeito das **modalidades de lançamento**, são três e estão previstas no CTN. A primeira refere-se ao lançamento direto ou de ofício; a segunda está relacionada ao lançamento misto ou por declaração; a terceira relaciona-se ao lançamento por homologação ou autolançamento.

De acordo com o art. 149 do CTN, no **lançamento direto ou de ofício**, a autoridade administrativa deve verificar valores e informações constantes dentro da própria Administração Pública para, em seguida, emitir a guia de cobrança e enviar ao contribuinte. Nessa modalidade de lançamento, estão incluídos o Imposto sobre a Propriedade Predial e Territorial Urbana (IPTU) e o Imposto sobre a Propriedade de Veículos Automotores (IPVA).

No **lançamento misto ou por declaração**, a lei imputa a responsabilidade ao sujeito passivo de conceder as informações e os valores necessários, com base nos quais a Fazenda realiza o lançamento e notifica o contribuinte para pagar o valor ou impugnar. Como exemplo, temos o Imposto sobre Transmissão de Bens Imóveis (ITBI) e o Imposto de Exportação (IE).

Finalmente, o **lançamento por homologação ou autolançamento**, previsto no art. 150 do CTN, assevera que o próprio contribuinte presta as informações, verifica o valor devido e emite a guia de recolhimento. Desse modo, paga antecipadamente, cabendo ao fisco apenas homologar os atos do contribuinte. Os tributos com lançamento por homologação são o

Imposto sobre Circulação de Mercadorias e Serviços (ICMS) e o Imposto sobre a Renda e Proventos de Qualquer Natureza (IR).

2.3 Suspensão da exigibilidade do crédito

A suspensão da exigibilidade do crédito tributário expressa o adiamento do seu vencimento. Logo, de acordo com o art. 151 do CTN, a exigibilidade do crédito tributário poderá ser suspensa nas seguintes hipóteses:

I - moratória;
II - o depósito do seu montante integral;
III - as reclamações e os recursos nos termos das leis reguladoras do processo tributário administrativo;
IV - a concessão de medida liminar em mandado de segurança;
V - a concessão de medida liminar ou de tutela antecipada, em outras espécies de ação judicial;
VI - o parcelamento.

A **moratória** é a prorrogação do prazo para quitação do crédito tributário e pode ser concedida em caráter geral ou individual por meio de lei. Quando for realizada em caráter geral, será concedida pelo ente competente e refere-se "a uma determinada região ou a uma determinada categoria de contribuinte de acordo com a previsão legal, abrangendo a totalidade ou segmentos da sujeição passiva do tributo" (Carota, 2020, p. 77). A lei que conceder essa categoria de moratória deverá apresentar os tributos a que se aplica e o prazo de sua duração. Ressalta-se que, nesse caso, é concedida independentemente de solicitação do interessado.

Já a moratória em caráter individualizado será determinada por lei, esta impessoal e genérica, e levará em consideração as condições pessoais e as particularidades de cada sujeito passivo. Assim, a lei que criar a moratória em caráter individual deverá especificar a autoridade administrativa competente a pronunciar o despacho concessivo. Além disso, deverá apontar os tributos que alcançará, as condições para sua aplicação, o prazo e o número de prestações, conforme art. 153 do CTN. Vale ponderar que, nesse caso, a moratória depende de requerimento do interessado.

O depósito do seu montante integral é a possibilidade de o contribuinte, no caso de um processo judicial, depositar o montante integral para obtenção da suspensão da exigibilidade do crédito até o trânsito em julgado da ação. É importante ressaltar duas situações: o depósito é facultativo e o depósito do montante integral da dívida suspende a exigibilidade somente na esfera judicial, pois, quando realizado perante a Administração, "seja ao impugnar o lançamento, seja ao interpor recurso aos órgãos superiores, a virtude suspensiva já está assegurada por tais expedientes" (Carvalho, 2009, p. 481).

A Súmula n. 112 do Superior Tribunal de Justiça (STJ) figura sobre o tema e estabelece que: "O depósito somente suspende a exigibilidade do crédito tributário se for integral e em dinheiro" (STJ, 1994).

No caso de **reclamações** e **recursos**, nos termos das leis reguladoras do processo tributário administrativo, quando realizado o lançamento para constituir o crédito tributário, a autoridade administrativa irá notificar o sujeito passivo, que, caso deseje, poderá apresentar reclamações ou recursos, sustando a exigibilidade do crédito.

Na **concessão de medida liminar em mandado de segurança**, após a ciência do contribuinte de ato abusivo praticado pela autoridade administrativa no lançamento do crédito tributário, pode-se impetrar mandado de segurança. Em seguida, após a concessão da medida liminar, estará suspensa a exigibilidade do crédito tributário enquanto perdurar a liminar com ou sem depósito.

Com a **concessão de medida liminar ou de tutela antecipada em outras espécies de ação judicial**, ficará suspensa a exigibilidade do crédito tributário.

O **parcelamento** consiste na divisão em prestações da dívida tributária já vencida e suspende a exigibilidade do crédito tributário. É importante ressaltar que serão aplicadas de forma subsidiária as regras sobre moratória do CTN.

No que tange à garantia do juízo para suspensão da exigibilidade do crédito tributário, somente o depósito judicial em dinheiro e pelo montante integral tem o condão para produzir tal efeito. Com isso, é inviável a equiparação do depósito judicial pelo montante integral com o seguro-garantia ou a fiança bancária, por exemplo, já que afronta a taxatividade prevista pelo art. 151 do CTN*.

Ainda sobre o tema, importante asseverar que, conforme o Recurso Especial n. 1.737.209/RO**:

> De acordo com a jurisprudência do STJ, os regimes jurídicos do "depósito-garantia" e do "depósito pagamento" são diversos. O "depósito-garantia", de natureza processual, é realizado em **Execução Fiscal** e tem por escopo propiciar à parte executora o acesso à via de defesa do processo executivo, isto é, a oposição de

---

* A base é a decisão dada pelo Ministro Luiz Fux no Recurso Especial Repetitivo n. 1.126.668/DF (Rel. Min. Luiz Fux, Primeira Seção, DJe 10.12.2010).
** Relator Ministro Herman Benjamin, Segunda Turma, DJe 01.07.2021.

Embargos à Execução Fiscal, nos termos do art. 16, I, da Lei nº 6.830/1980.

O "depósito pagamento", de natureza material, está previsto no art. 151, II, do CTN e, em **processo de conhecimento**, possibilita apenas a suspensão da exigibilidade do crédito tributário em discussão até o final da lide.

Quanto à penhora em execução fiscal, esta não configura hipótese de suspensão da exigibilidade do crédito tributário, mas somente suspende a execução fiscal[*].

2.4 Extinção das obrigações tributárias

A extinção das obrigações tributárias ocorre após seus objetivos reguladores já terem sido cumpridos ou por razões estipuladas pelo direito. Assim, o crédito tributário deixa de existir por motivos constantes na legislação, extinguindo o vínculo obrigacional.

O art. 156 do CTN elenca 11 causas extintivas, quais sejam:

I - o pagamento;
II - a compensação;
III - a transação;

---

[*] Recurso Especial n. 1450610/RS, Relator Ministro Benedito Gonçalves, Primeira Turma, julgado em 05/02/2019, DJe 08/02/2019. Segue ementa do julgado: "PROCESSUAL CIVIL. TRIBUTÁRIO. AGRAVO INTERNO NO RECURSO ESPECIAL. CRÉDITO TRIBUTÁRIO. A EXIGIBILIDADE DO CRÉDITO NÃO É SUSPENSA POR FORÇA DE PENHORA. PRECEDENTES. 1. A jurisprudência dessa Corte já se manifestou no sentido de que o oferecimento de penhora em execução fiscal não configura hipótese de suspensão da exigibilidade do crédito tributário, nos termos do art. 151 do CTN (RMS 27.473/SE, Rel. Ministro Luiz Fux, Primeira Turma, DJe 7/4/2011; RMS 27.869/SE, Rel. Ministra Denise Arruda, Primeira Turma, DJe 2/2/2010) 2. Agravo interno não provido".

IV - remissão;
V - a prescrição e a decadência;
VI - a conversão de depósito em renda;
VII - o pagamento antecipado e a homologação do lançamento nos termos do disposto no art. 150 e seus §§ 1º e 4º;
VIII - a consignação em pagamento, nos termos do disposto no § 2º do art. 164;
IX - a decisão administrativa irreformável, assim entendida a definitiva na órbita administrativa, que não mais possa ser objeto de ação anulatória;
X - a decisão judicial passada em julgado;
XI - a dação em pagamento em bens imóveis, na forma e condições estabelecidas em lei. (Brasil, 1966b)

Entretanto, é importante considerar que o rol de causas extintivas não é exaustivo, podendo-se extinguir a obrigação tributária de outras formas.

O **pagamento** é uma das causas extintivas da obrigação tributária e a principal modalidade de extinção. Pode ser definido como a satisfação pelo sujeito passivo do valor devido em tributo em face do sujeito ativo. Com isso, a obrigação é extinta e a relação jurídica tributária é resolvida.

Via de regra, o pagamento deve ser realizado por meio da moeda corrente, entretanto, o art. 162 do CTN apresenta outras modalidades, que não são mais tão utilizadas.

No que diz respeito ao prazo para pagamento da obrigação, quando não houver fixação de tempo para pagamento na legislação tributária, este deverá ocorrer em até 30 dias depois da data em que se considera o sujeito passivo notificado do lançamento, conforme disposto no art. 160 do CTN. Ademais, caso o pagamento não ocorra no prazo estabelecido, será aplicado ao crédito os juros de 1% ao mês, adicionados de correção monetária e multa.

Se porventura o contribuinte pagar um valor maior ou pagar um tributo de forma indevida, de acordo com o CTN há a possibilidade de solicitar o reembolso do valor com juros e correção monetária. A esse instituto dá-se o nome de *restituição de indébito*; pode ser realizado pela via administrativa ou judicial.

A **compensação** ocorre quando há o encontro de dívidas ou contas, ou seja, "pressupõe a existência de um crédito e um débito, ao mesmo tempo, com relação ao mesmo contribuinte e o fisco. O contribuinte pode, nesta situação, optar por abater os valores em aberto, com aquele que tem a receber" (Matthes, 2019, p. 239).

A **transação** compreende o acordo entre as partes, e esse acordo deve ser regulamentado por lei. Nesse sentido, tem-se o art. 171 do CTN:

> Art. 171. A lei pode facultar, nas condições que estabeleça, aos sujeitos ativo e passivo da obrigação tributária celebrar transação que, mediante concessões mútuas, importe em determinação de litígio e consequente extinção de crédito tributário. (Brasil, 1966b)

Já a **remissão** representa o perdão do crédito tributário. Assim, a Fazenda Pública poderá perdoar total ou parcialmente o contribuinte de pagar o tributo devido. Também necessita de lei para surtir efeito, entretanto, a previsão da lei por si só não gera o direito adquirido, devendo o contribuinte comprovar todos os requisitos previstos na legislação.

No caso de **prescrição e decadência**, a Fazenda Pública tem dois prazos, um para constituir o crédito por meio do lançamento e outro para cobrar o crédito tributário devidamente constituído. É nesse contexto que surge o prazo de prescrição e de decadência.

A **decadência** ocorre quando há a perda do direito material, não podendo mais ser cobrado o crédito tributário, indicando a sua extinção por decurso de tempo. Assim, o que gera a decadência é a falta de lançamento.

O prazo de decadência tem fundamentação nos arts. 173, I, e 150, parágrafo 4º, do CTN. Ambos os artigos indicam cinco anos para lançamento do crédito tributário, diferindo-se em relação ao início da contagem do prazo. Assim, o art. 173, I, do CTN descreve que a contagem do prazo se inicia a partir do primeiro dia do exercício seguinte àquele em que o lançamento poderia ter sido efetuado; já o art. 150, parágrafo 4º, do CTN indica o prazo de início de contagem a partir da data do fato gerador.

Para melhor compreensão, a Súmula n. 555 do STJ declarou que o art. 173, I, "se aplica para a cobrança de todos os tributos, sejam aqueles lançados por homologação, por declaração ou de ofício. Já o art. 150, § 4º, aplica-se, apenas e tão somente, aos tributos lançados por homologação em que houve a antecipação do pagamento pelo contribuinte" (Matthes, 2019, p. 242). Vale ressaltar que a decadência não pode ser suspensa ou interrompida.

Já a **prescrição** é a perda do direito de ação pelo titular do direito por não a realizar em tempo hábil. Logo, é a perda do direito de ação do Estado de cobrar o tributo do contribuinte.

De acordo com o art. 174 do CTN, o prazo para a prescrição também é de cinco anos contados a partir da data da constituição definitiva do crédito tributário. Assim, é necessário compreender quando se dá a constituição definitiva. É importante lembrar que o contribuinte pode pagar o crédito, ficar inerte ou impugná-lo. Caso não pague o crédito nem recorra, por exemplo, ficará constituído definitivamente o crédito a partir do vencimento para pagamento ou recurso. Logo, começa a contar desse momento o prazo para a prescrição.

Ademais, diferentemente do prazo decadencial, o prazo prescricional pode ser interrompido ou suspenso nas seguintes situações, conforme o art. 174 do CTN:

> I- pelo despacho do juiz que ordenar a citação em execução fiscal;
> II- pelo protesto judicial;
> III- por qualquer ato judicial que constitua em mora o devedor;
> IV- por qualquer ato inequívoco, ainda que extrajudicial, que importe em reconhecimento do débito pelo devedor. (Brasil, 1966b)

Quando o prazo for interrompido, este voltará a contar do seu início, desconsiderando a fluência anterior à ocorrência. Entretanto, quando o prazo for suspenso, deverá ser contado do momento em que parou.

A **conversão de depósito em renda** ocorrerá quando o sujeito passivo ingressar com ação em face da Fazenda Pública e, para suspender a exigibilidade do crédito tributário, realizar o depósito judicial. Caso a decisão seja em desfavor do sujeito passivo, o depósito será convertido em renda para a Fazenda Pública. Se a decisão se der em favor do sujeito passivo, a Fazenda Pública irá devolver o valor anteriormente depositado.

O **pagamento antecipado** e a **homologação do lançamento**, nos termos do disposto no art. 150 e seus parágrafos 1º e 4º, ocorrem nos tributos que não necessitam do lançamento para que o devedor possa realizar a prestação. Como o sujeito passivo já tem todos os elementos para cumprir a obrigação, somente fiscaliza as atividades do contribuinte para, estando corretas, apenas homologar o lançamento, extinguindo o crédito tributário.

O art. 150 do CTN bem demonstra:

> Art. 150. O lançamento por homologação, que ocorre quanto aos tributos cuja legislação atribua ao sujeito passivo o dever de antecipar o pagamento sem prévio exame da autoridade administrativa, opera-se pelo ato em que a referida autoridade, tomando conhecimento da atividade assim exercida pelo obrigado, expressamente a homologa. (Brasil, 1966b)

Caso o fisco não homologue no prazo de cinco anos, o direito de exigir o tributo decai. Ademais, a homologação poderá ocorrer na forma expressa ou tácita.

A **consignação em pagamento**, nos termos do disposto no parágrafo 2º do art. 164, é uma ação judicial realizada pelo sujeito passivo para garantir o seu direito de pagar o crédito tributário, de modo a se livrar das consequências jurídicas que lhe causariam o inadimplemento. Assim, é o instrumento adequado nos casos em que há a recusa do credor, de forma injustificada, diante da intenção do pagamento de uma dívida.

Poderá ser ajuizada a ação de consignação em pagamento nas seguintes situações, todas previstas no art. 164 do CTN:

> I - de recusa de recebimento, ou subordinação deste ao pagamento de outro tributo ou de penalidade, ou ao cumprimento de obrigação acessória;
> II - de subordinação do recebimento ao cumprimento de exigências administrativas sem fundamento legal;
> III - de exigência, por mais de uma pessoa jurídica de direito público, de tributo idêntico sobre um mesmo fato gerador. (Brasil, 1966b)

Caso a ação seja julgada procedente, o pagamento consta como efetuado; caso seja julgada improcedente, o sujeito ativo terá o direito de cobrar o sujeito passivo, acrescido de juros de mora e todas as penalidades cabíveis.

A **decisão administrativa irreformável**, assim entendida a definitiva na órbita administrativa que não mais possa ser objeto de ação anulatória, é uma decisão administrativa que não pode mais ser reformada e que seja favorável ao contribuinte. Nesse caso, não cabe mais recurso contra a decisão na esfera administrativa nem poderá mais ser objeto de ação anulatória. Assim, é entendida como causa extintiva do crédito tributário.

Já a **decisão judicial passada em julgado** é aquela "que favorece o sujeito passivo concluindo pela improcedência do crédito tributário. Não cabe mais recurso. É a invalidade do crédito tributário, culminando em coisa julgada material, extinguindo por consequência a obrigação tributária" (Carota, 2020, p. 94).

Por fim, a **dação em pagamento em bens imóveis**, na forma e condições estabelecidas em lei, busca extinguir a obrigação, e o devedor pode entregar ao sujeito ativo coisa diversa de dinheiro, nesse caso, um bem imóvel. Desse modo, poderá adimplir a obrigação tributária.

2.5 Exclusão do crédito tributário

O crédito tributário poderá ser excluído, isto é, o lançamento será desconsiderado no momento que uma lei especial seja criada prevendo hipótese de anistia ou isenção. Entretanto, conforme parágrafo único do art. 175 do CTN, a "exclusão do crédito tributário não dispensa o cumprimento das obrigações acessórias dependentes da obrigação principal cujo crédito seja excluído, ou dela consequente" (Brasil, 1966b).

A **isenção** acontece quando é realizado fato gerador da obrigação tributária, porém há a criação de lei que dispensa o pagamento do tributo. Assim, para ocorrer a isenção, é preciso que exista lei que dispense o pagamento da contribuição tributária. É importante ressaltar que a isenção é a desoneração do pagamento de um tributo que ainda não foi lançado.

O CTN apresenta duas modalidades de isenção:

I. geral;
II. onerosa (quando for concedida de acordo com determinadas condições e por determinado período de tempo).

De acordo com o art. 178 do CTN, a isenção onerosa poderá ser concedida por prazo certo e em função de determinadas condições e também poderá ser revogada ou modificada por lei a qualquer tempo. No entanto, deve-se ponderar que, quando a isenção for concedida por prazo certo e em função de estipuladas condições, não poderá "ser revogada ou modificada por lei, enquanto o contribuinte estiver cumprindo as condições e estiver no período de concessão" (Matthes, 2019, p. 246).

Já a isenção geral poderá ser revogada a qualquer momento desde que respeite o princípio da anterioridade anual.

A isenção ainda pode ser concedida em caráter geral,

> independendo de expedientes da Administração, ou sob condições de controle administrativo, em que o agente público competente apreciará o preenchimento dos requisitos básicos que a lei ou o contrato (nos termos da lei) estipular. Na segunda hipótese, como firma o art. 179 (CTN), o interessado deverá requerer, fazendo a prova do seu enquadramento nos pressupostos legais. (Carvalho, 2009, p. 537)

Relativamente aos tributos que incidem apenas uma vez em determinado período de tempo, o ato administrativo que conceder a isenção (despacho) deverá ser renovado antes que o prazo termine, para que possa ter valor no período subsequente. Ademais, conforme o art. 179, parágrafo 2°, do CTN, o despacho referido não gera direito adquirido, logo, poderá ser reformado de ofício sempre que os requisitos ou as condições não sejam cumpridos.

A **anistia** corresponde ao perdão de multa aplicada anteriormente à vigência da lei que a concedeu e ao perdão das penalidades impostas pela infração do mandamento legal. Contudo, a exclusão do crédito tributário por anistia, de acordo com o art. 180 do CTN, não se aplica:

I - aos atos qualificados em lei como crimes ou contravenções e aos que, mesmo sem essa qualificação, sejam praticados com dolo, fraude ou simulação pelo sujeito passivo ou por terceiro em benefício daquele;

II - salvo disposição em contrário, às infrações resultantes de conluio entre duas ou mais pessoas naturais ou jurídicas. (Brasil, 1966b)

A anistia poderá ser concedida em caráter geral, ao aplicar-se às infrações e às penalidades relativas a todos os tributos, ou limitadamente, ao atingir infrações de um só gravame.

Quando ocorrer de forma limitada, acontecerá nas seguintes situações (art. 181, CTN):

a) às infrações da legislação relativa a determinado tributo;

b) às infrações punidas com penalidades pecuniárias até determinado montante, conjugadas ou não com penalidades de outra natureza;

c) a determinada região do território da entidade tributante, em função de condições a ela peculiares;

d) sob condição do pagamento de tributo no prazo fixado pela lei que a conceder, ou cuja fixação seja atribuída pela mesma lei à autoridade administrativa. (Brasil, 1966b)

Por fim, quando a anistia for concedida em caráter geral, de acordo com o art. 182 do CTN, será efetivada por despacho da autoridade administrativa, em requerimento no qual o interessado faça prova do preenchimento das condições e do cumprimento dos requisitos previstos em lei para sua concessão. Ademais, como é sabido, o despacho não gera direito adquirido, podendo ser cassado a qualquer tempo se descumpridas as condições ou os requisitos.

2.6 Infrações e sanções tributárias

Por *infração* ou *ilícito tributário* compreende-se qualquer conduta omissiva ou comissiva que não atenda aos deveres jurídicos constantes nas normas que tratem de tributos. Logo, é o não cumprimento de determinadas prestações tributárias, gerando a correspondente sanção.

Ao analisarmos as infrações tributárias, é necessário percorrer o CTN como um todo, pois os artigos que instituem sanções estão espalhados por inúmeros dispositivos.

O art. 97, V, do CTN é o primeiro dispositivo que versa sobre a sanção de modo geral, quando aborda o princípio da legalidade. O artigo descreve que somente a lei pode estabelecer a cominação de penalidades para as ações ou omissões contrárias a seus dispositivos ou para outras infrações nela definidas. Ou seja, "em domínios tributários, também a criação de normas sancionatórias se submete aos ditames da legalidade, sendo necessária lei em sentido amplo para prescrever o ilícito e a consequência a ele imputável" (Carvalho, 2009, p. 564).

Assim, da mesma forma que se caracteriza a obrigação tributária como a relação jurídica estabelecida entre sujeito ativo e sujeito passivo (pretensor e devedor), é possível caracterizar a sanção tributária como a relação jurídica que se constitui por meio do acontecimento de um fato ilícito, que se relaciona entre o titular do direito violado e o agente causador da infração. Caso o contribuinte não realize todos os requisitos prescritos na norma tributária, será passível de sanção, visto que infringiu a norma.

É importante ponderar que "a relação jurídica sancionatória pode assumir feitio obrigacional, quando se tratar de penalidades pecuniárias, multas de mora ou juros de mora, como também veiculadora de meros deveres, de fazer ou de não fazer, sem conteúdo patrimonial" (Carvalho, 2009, p. 574).

São diversas as espécies de sanções tributárias elencadas pelo legislador no CTN, entre elas estão:

I. penalidades pecuniárias;
II. multa de ofício;
III. multa punitiva ou por infração;
IV. multa isolada;
V. multa agravada;
VI. multa de mora;
VII. juros de mora;
VIII. acréscimos legais;
IX. correção monetária;
X. outras medidas.

As **penalidades pecuniárias** correspondem à maioria das sanções previstas no CTN. Na maioria das vezes, são fixadas por meio de níveis sobre o valor da dívida tributária; quando não o fazem, aparecem por meio de uma importância já determinada e são chamadas de *penalidades de valor fixo*. Ainda podem ser estabelecidas entre dois limites de valor, um mínimo e um máximo, ficando a critério da autoridade administrativa decidir o valor em cada caso concreto.

No caso da **multa de ofício**, se pensarmos que toda multa desempenha a função de apenar o sujeito que pratica o ilícito, podemos deduzir que as multas fiscais têm caráter pessoal, visando "coagir o contribuinte: é processo de intimidação. Mesmo a multa de mora pode ser assim considerada para coagir o contribuinte a pagar com pontualidade o seu débito" (Cavalcanti, 1973, p. 163). Assim, é possível concluir que qualquer multa tem natureza de sanção.

Logo, a multa de ofício é uma enunciação que designa o lançamento de ofício. Nesse contexto, quer dizer simplesmente que se trata de uma espécie de sanção utilizada pela autoridade administrativa com a aplicação por meio do lançamento de ofício (Auto de Infração ou Imposição de Multa).

Nessa lógica, as multas de ofício são de espécie punitiva, e incluem-se aqui as multas de caráter moratório. Nesse sentido, bem preceitua Carvalho (2009, p. 578):

> As multas de mora podem ser aplicadas mediante lançamento de ofício, da mesma forma que as espécies punitivas em sentido estrito. A diferença entre uma e outra, no âmbito procedimental, está em que as moratórias podem ser lançadas ora de ofício pela autoridade ora por homologação pelo sujeito infrator. Por outro lado, contudo, as de cunho punitivo serão sempre de ofício. Razão esta que justifica sua denominação de *multa de ofício*. (Carvalho, 2009, p. 578)

A **multa punitiva ou por infração** nada mais é do que uma espécie de sanção tributária que compreende uma prestação monetária de natureza compulsória, resultante de atividade ilícita. Ademais, tem caráter fundamentalmente intimidatório e é aplicada mediante ato jurídico próprio e atentando-se ao devido processo legal.

A **multa isolada** ocorre, por exemplo, nos casos em que o tributo é pago após o prazo previsto em lei. Assim, será cobrada a multa de forma isolada, haja vista que o tributo em si já foi pago anteriormente. Vale ponderar que, via de regra, essa espécie de sanção também é aplicada de ofício, além de ter caráter punitivo devido ao seu objetivo regulatório.

A **multa agravada** se dá pela apresentação de provas, por parte da Administração Pública, da existência de intenção (dolo) de fraude ou simulação por parte do sujeito passivo. Comumente são agravadas em 150% do percentual do tributo, visando cominar a prática de infrações fiscais.

As multas agravadas ocorrem de ofício e, como decorrem de infrações à lei fiscal, também são denominadas *multas punitivas*.

A **multa de mora** não tem conteúdo punitivo em sentido estrito, predominando o sentido indenizatório, pois o não recebimento do tributo a que tem direito o Poder Público causa dano ao erário. Assim, esse tipo de multa tem o intuito de indenizar o Estado pelo atraso do pagamento da contribuição tributária.

Os **juros de mora** correspondem a 1% ao mês sobre o montante devido, quando a lei não dispuser valor diverso, e têm caráter remuneratório. Baseiam-se no fato de o contribuinte estar retendo um valor que não lhe pertence, assim o valor é somado à quantia devida.

A expressão *acréscimos legais* pode ser compreendida de duas formas. Uma delas é para denominar *juros de mora* e *correção monetária*. A outra corresponde ao nome usado

> para mencionar tudo aquilo que aumenta o *quantum* do débito tributário a ser recolhido, compreendendo a correção do valor aquisitivo da moeda, juros de mora, multa de mora e sanção punitiva eventualmente aplicada. Enfim, o montante da importância exigida do administrado, menos o valor originário da exação. (Carvalho, 2009, p. 583)

Embora a **correção monetária** não seja uma sanção, vale a pena tratar tendo em vista a sua citação nos planos sancionatórios. A correção monetária nada mais é que a atualização do valor da dívida, levando em conta a desvalorização da moeda corrente. Assim, o valor é corrigido regularmente de acordo com índices estipulados.

Por fim, **outras medidas** podem ser adotadas para compelir o pagamento de tributos devidos. Uma das providências "é a apreensão de mercadorias e de documentos, bem como de veículos que o transportarem, em função de irregularidades verificadas pela fiscalização" (Carvalho, 2009, p. 586).

2.7 Garantias e privilégios do crédito tributário

O CTN, a partir do art. 183, apresenta um rol exemplificativo de garantias e privilégios inerentes ao crédito tributário, os quais têm o intuito de favorecer o recebimento do crédito tributário pelo fisco. Por *garantias* é possível compreender "os meios jurídicos assecuratórios que cercam o direito subjetivo do Estado de receber a prestação do tributo. E por privilégios, a posição de superioridade de que desfruta o crédito tributário, com relação aos demais, excetuando-se os decorrentes da legislação do trabalho" (Carvalho, 2009, p. 604).

Conforme o art. 184 do CTN, responderão pelo pagamento do crédito tributário

> a totalidade dos bens e das rendas, de qualquer origem ou natureza, do sujeito passivo, seu espólio ou sua massa falida, inclusive os gravados por ônus real ou cláusula de inalienabilidade ou impenhorabilidade, seja qual for a data da constituição do ônus ou da cláusula, excetuados unicamente bens e rendas que a lei declare absolutamente impenhoráveis. (Brasil, 1966b)

Entretanto, é importante ressaltar que a impenhorabilidade não é absoluta. Segundo o art. 3º, IV, da Lei n. 8.009, de 29 de março de 1990:

> A impenhorabilidade é oponível em qualquer processo de execução civil, fiscal, previdenciária, trabalhista ou de outra natureza, salvo se movido: [...]
>
> IV – para cobrança de impostos, predial ou territorial, taxas e contribuições devidas em função do imóvel familiar. (Brasil, 1990)

Desse modo, caso o devedor possua dívidas tributárias relativas a imóvel familiar, tais como taxas e contribuições (IPTU e contribuição de melhoria, por exemplo), poderá ocorrer a penhora do bem de família, sempre que for relativo ao fato gerador dos aludidos créditos tributários.

Também é assegurado ao fisco uma garantia quando há o reconhecimento de fraude à execução nas circunstâncias em que o contribuinte aliena seus bens em caso de insolvência. Assim, quando o débito tributário é inscrito pela Fazenda

Pública no registro de dívida ativa, fica estabelecido um marco temporal, logo, qualquer alienação que o devedor realize de seus bens e rendas após esse marco será presumida como fraudulenta. É sobre esse tema que aborda o art. 185 do CTN: "Presume-se fraudulenta a alienação ou oneração de bens ou rendas, ou seu começo, por sujeito passivo em débito para com a Fazenda Pública, por crédito tributário regularmente inscrito como dívida ativa" (Brasil, 1966b).

Outra garantia conferida ao fisco na cobrança do crédito tributário está contida no art. 185-A do CTN, "cujo teor confere ao juiz titular da execução fiscal a prerrogativa de determinar a indisponibilidade dos bens e direitos do devedor, na hipótese de falta de pagamento ou ausência de indicação de bens à penhora" (Carvalho, 2009, p. 609).

É evidente que, caso haja a indisponibilidade determinada pelo juiz, esta deve limitar-se ao valor total exigível. Caso haja valor excedente de penhora, este deve ser desbloqueado.

No que tange à preferência de recebimento do crédito tributário, este deverá ser recebido sempre à frente de qualquer outro crédito, ressalvados os decorrentes da legislação trabalhista ou de acidentes de trabalho, conforme orienta o art. 186 do CTN.

Além disso, ainda sobre o tema, regulamenta o art. 187 do CTN: "A cobrança judicial do crédito tributário não é sujeita a concurso de credores ou habilitação em falência, recuperação judicial, concordata, inventário ou arrolamento". Assim, em casos de processo de falência, de acordo com a Lei Complementar n. 118, de 9 de fevereiro de 2005 (Brasil, 2005), o crédito tributário também terá preferência sobre os demais, salvo os "créditos extraconcursais, as importâncias passiveis de restituição, os créditos com garantia real, aqueles decorrentes de legislação do trabalho e de acidente de trabalho" (Matthes, 2019, p. 248).

Conforme a redação do parágrafo único, do art. 187 do CTN, o concurso de preferência somente se verifica entre pessoas jurídicas de direito público, na seguinte ordem:

I. União;

II. estados, Distrito Federal e territórios e municípios, conjuntamente;

III. municípios, conjuntamente.

Já para a concessão da recuperação judicial, é imprescindível que os débitos tributários estejam quitados, observando os arts. 151, 205 e 206 do CTN, podendo se valer da certidão positiva com efeitos de negativa. Entretanto, "por outro lado, o código proíbe a prolação de sentença sem julgamento de partilha ou adjudicação, sem prova de quitação de toso os tributos relativos aos bens do espólio, ou às suas rendas" (Matthes, 2019, p. 249).

Por fim, para que ocorra a celebração de contratos entre os interessados e a Administração Pública, é necessário que não existam débitos sobre créditos tributários.

Para saber mais

MOREIRA, A. M. **Constituição do crédito tributário**. Tomo Direito Tributário, edição 1, maio 2019. Disponível em: <https://enciclopediajuridica.pucsp.br/verbete/304/edicao-1/constituicao-do-credito-tributario>. Acesso em: 16 jan. 2023.

A obra apresenta os principais elementos da constituição do crédito tributário, permitindo um melhor entendimento da obrigação tributária.

SÍNTESE

Neste segundo capítulo, debatemos as noções básicas de tributo, abordando o seu conceito e a sua espécie. Assim, *tributo* pode ser compreendido como toda prestação pecuniária compulsória, em moeda ou cujo valor nela se possa exprimir, que não constitua sanção de ato ilícito, instituída por lei e cobrada mediante atividade administrativa plenamente vinculada. Ademais, no que tange às espécies do gênero *tributo*, fazem parte o imposto, a taxa e a contribuição de melhoria.

Vimos que o crédito tributário pode ser definido como o direito subjetivo que o sujeito ativo tem de cobrar o tributo do sujeito passivo. Assim, o crédito tributário é constituído no momento em que ocorre o evento descrito na regra-matriz de incidência tributária; podemos chamar esse ato administrativo de *lançamento tributário*. Sobre o lançamento, o art. 142 do CTN o descreve como o procedimento administrativo por meio do qual a autoridade competente constitui o crédito tributário, verificando a ocorrência do fato gerador e a matéria tributável, calculando o montante do tributo devido, identificando o sujeito passivo e, sendo o caso, propondo a aplicação de multa.

Também abordamos a suspensão da exigibilidade do crédito tributário, a qual pode ser definida como o adiamento do seu vencimento, e tem seis hipóteses de suspensão, quais sejam: moratória; depósito do montante integral; reclamações e recursos, nos termos das leis reguladoras do processo tributário administrativo; concessão de medida liminar em mandado de segurança; concessão de medida liminar ou de tutela antecipada, em outras espécies de ação judicial; e parcelamento.

No tópico sobre extinção das obrigações tributárias, classificamos a extinção como o fim da relação obrigacional, de modo que o crédito tributário é extinto, seja por razões constantes na legislação ou pelo cumprimento das obrigações. O art. 156 do CTN elenca as 11 causas extintivas: pagamento; compensação; transação; remissão; prescrição e decadência; conversão de depósito em renda; pagamento antecipado e homologação do lançamento nos termos do disposto no art. 150 e seus parágrafos 1º e 4º; consignação em pagamento, nos termos do disposto no parágrafo 2º do art. 164; decisão administrativa irreformável, assim entendida a definitiva na órbita administrativa que não mais possa ser objeto de ação anulatória; decisão judicial passada em julgado; e dação em pagamento em bens imóveis na forma e nas condições estabelecidas em lei.

A exclusão do crédito tributário pode acontecer em duas hipóteses, anistia ou isenção, como vimos. No caso da isenção, é realizado o fato gerador da obrigação, entretanto, há a criação de lei que dispensa o pagamento do tributo. Na anistia, ocorre o perdão da multa aplicada, também por meio da criação de lei.

A respeito de infrações e sanções tributárias, vimos que por infração/ilícito tributário compreende-se qualquer conduta omissiva ou comissiva que não atenda aos deveres jurídicos constantes nas normas que tratem de tributos. Já as sanções tributárias podem ser compreendidas como a relação jurídica que se constitui mediante acontecimento de um fato ilícito, que se relaciona entre o titular do direito violado e o agente causador da infração. Desse modo, caso o contribuinte não realize todos os requisitos prescritos na norma tributária, será passível de sanção, visto que infringiu a norma. Ademais, são inúmeras as espécies de sanções tributárias, entre as quais estão: penalidades pecuniárias; multa de ofício; multa punitiva ou por infração; multa isolada; multa agravada; multa de mora; juros de mora; acréscimos legais; correção monetária.

Por fim, abordamos garantias e privilégios do crédito tributário. O CTN apresenta um rol de garantias e privilégios a esse respeito, a fim de favorecer o recebimento do crédito tributário pelo fisco.

Questões para revisão

1) (FGV/OAB – EXAME XVI, 2015) A União concedeu isenção, pelo prazo de cinco anos, da Contribuição para o Financiamento da Seguridade Social (COFINS) para as indústrias de veículos automotores terrestres que cumprissem determinadas condições.

    Sobre a isenção tributária, é possível afirmar que:

    a. as indústrias de aviação podem requerer a fruição do benefício, pois a norma que concede isenção deve ser interpretada extensivamente.
    b. a União poderá, a qualquer tempo, revogar ou modificar a isenção concedida.
    c. a isenção da COFINS pode ser concedida mediante decreto, desde que a norma seja específica.
    d. as indústrias de veículos automotores terrestres não estão dispensadas do cumprimento das obrigações acessórias, pois elas são independentes da existência da obrigação principal.

2) (FGV/OAB – EXAME XVII, 2015) Após ser intimada da lavratura de um auto de infração visando à cobrança da Contribuição para Financiamento da Seguridade Social (COFINS) dos últimos cinco anos, a pessoa jurídica XYZ Participações Ltda. verificou que o tributo não era devido e ofereceu impugnação ao auto de infração. Como irá participar de uma licitação, a pessoa jurídica em questão irá precisar de certidão de regularidade fiscal – no

caso, Certidão Positiva de Débito com Efeito de Negativa (CDP-EN).

Na hipótese, considerando que o contribuinte não possui outros débitos, assinale a afirmativa correta.

a. a impugnação ao auto de infração exclui o crédito tributário, sendo possível a emissão da CDP-EN.

b. a impugnação ao auto de infração, sem o pagamento do crédito, impede a emissão da CPD-EN.

c. a pessoa jurídica XYZ Participações Ltda. somente terá direito à CPD-EN caso realize o depósito do montante integral.

d. a impugnação ao auto de infração suspende a exigibilidade do crédito, sendo possível a emissão da CPD-EN.

3) (FGV/OAB – EXAME XXI, 2016) A pessoa jurídica ABC verificou que possuía débitos de Imposto sobre a Renda e decidiu aderir ao parcelamento por necessitar de certidão de regularidade fiscal para participar de licitação. Após regular adesão ao parcelamento e diante da inexistência de quaisquer outros débitos, a contribuinte apresentou requerimento para emissão da certidão.

Com base nessas informações, o Fisco deverá:

a. deferir o pedido, já que o parcelamento é causa de extinção do crédito tributário.

b. indeferir o pedido, pois a certidão somente poderá ser emitida após o pagamento integral do tributo em atraso.

c. deferir o pedido, já que o parcelamento é causa de suspensão da exigibilidade do crédito tributário.

d. deferir o pedido, já que o parcelamento é causa de exclusão do crédito tributário.

4) (FGV/OAB – EXAME XXXVI, 2022) Em 10 de maio de 2020, a sociedade empresária ABC Ltda. sofre fiscalização federal e, ao final, é autuada em R$ 100.000,00, além de multa e respectivos encargos, a título de Imposto sobre Produtos Industrializados (IPI) devido referente ao exercício de 2019, por omissão do envio mensal das informações fiscais em DCTF – Declaração de Débitos e Créditos Tributários Federais –, bem como por falta de pagamento daquele imposto. Em 20 de junho de 2020, a empresa recebe notificação de pagamento no prazo de 30 dias. Você, como advogado(a) da sociedade empresária, é chamado(a) para defender os interesses da empresa nesse processo no mesmo dia da notificação, pretendendo adotar providências logo no dia seguinte e refletindo sobre a possibilidade de adotar o mecanismo da denúncia espontânea prevista no Código Tributário Nacional (CTN).

Diante desse cenário, assinale a afirmativa correta.

a. Poderá ser adotado o mecanismo de denúncia espontânea, já que ainda não foi ajuizada a ação de execução fiscal.
b. Poderá ser adotado o mecanismo de denúncia espontânea, já que ainda se está dentro do prazo de pagamento.
c. Não poderá mais ser adotado o mecanismo de denúncia espontânea após o início de qualquer procedimento administrativo ou medida de fiscalização relacionados com a infração.
d. Não poderá mais ser adotado o mecanismo de denúncia espontânea, pois o limite legal para adoção deste benefício é de 40 salários mínimos.

5) (FGV/OAB – EXAME VIII) O Sr. Afrânio dos Santos, administrador da empresa "X", que atua no ramo industrial, percebeu ter efetuado pagamento do IPI maior que o efetivamente devido, ao longo de certo período.

Com base no cenário acima, para fins de aconselhar o administrador acerca da possibilidade da obtenção da restituição do montante recolhido a maior, assinale a alternativa correta.

a. Não é possível a restituição, pois o pagamento foi espontâneo, incidindo a máxima "quem paga mal paga duas vezes".

b. Não é possível a restituição, pois, embora pago indevidamente, não cabe restituição de tributo indireto.

c. Cabe apenas pedido administrativo de restituição, em razão do pagamento indevido.

d. Cabe pedido judicial de repetição de indébito, desde que a empresa comprove ter assumido o referido encargo, sem tê-lo transferido a terceiro.

Questão para reflexão

Recentemente, a legislação do Município de São Paulo referente ao Imposto sobre a Transmissão de Bens Imóveis (Lei n. 11.154/1991) foi substancialmente alterada pelo Decreto Municipal n. 46.228, de 23 de agosto de 2005 (São Paulo, 2005), e pela Portaria n. 81/2005, da Secretaria de Finanças do Município de São Paulo, dispositivos estes que promoveram a alteração da base de cálculo do tributo mencionado, que passou a ser fixada pelo município com base na planta genérica de valores. O referido decreto estabelece:

Art. 7º. A base de cálculo do imposto é o valor venal dos bens ou direitos transmitidos.

§ 1º. Considera-se valor venal, para efeitos deste imposto, o valor pelo qual o bem ou direito seria negociado à vista, em condições normais de mercado. [...]

Art. 8º. A Secretaria Municipal de Finanças tornará públicos os valores venais atualizados dos imóveis inscritos no Cadastro Imobiliário Fiscal do Município de São Paulo.

§ 1º. Os valores venais dos imóveis serão atualizados periodicamente, de forma a assegurar sua compatibilização com os valores praticados no Município, mediante pesquisa e coleta permanente, por amostragem, dos preços correntes das transações e das ofertas à venda no mercado imobiliário, inclusive com a participação da sociedade representada no Conselho de Valores Imobiliários. [...]

[...]

§ 3º. O valor venal divulgado, em nenhuma hipótese, será inferior à base de cálculo do Imposto sobre a Propriedade Predial e Territorial Urbana – IPTU, utilizada no exercício da transação. (São Paulo, 2005)

Diante de tal situação, é legal a alteração promovida pelo decreto? Justifique.

III

Tributos em espécie

Conteúdos do capítulo:

» Tributos.
» Tributos nas demonstrações financeiras.
» Tributação sobre o consumo de bens e serviços.
» Tributação sobre patrimônio, movimentação financeira, encargos sociais e outros.
» Tributação sobre a renda das pessoas físicas.
» Tributação sobre o lucro.

Após o estudo deste capítulo, você será capaz de:

1. identificar os tributos e suas principais semelhanças e diferenças;
2. compreender as diversas formas de tributação;
3. indicar os diversos aspectos da tributação;
4. identificar os casos de incidência de tributos;
5. reconhecer a tributação nas demonstrações financeiras.

3.1 Tributo

Como já exposto anteriormente, o conceito de tributo encontra-se no art. 3º do Código Tributário Nacional (CTN) – Lei n. 5.172, de 25 de outubro de 1966 –, que assim estabelece:

> Art. 3º Tributo é toda prestação pecuniária compulsória, em moeda ou cujo valor nela possa exprimir, que não constitua sanção de ato ilícito, instituída em lei e cobrada mediante atividade administrativa plenamente vinculada. (Brasil, 1966b)

Depreende-se do conceito legal que os tributos compartilham as características de compulsoriedade (caráter de obrigatoriedade), imposta por lei e vinculada a uma atividade administrativa.

Nesse contexto, é possível concluir que a natureza jurídica do tributo será determinada pelo fato gerador – ou seja, se o fato se enquadrar na determinação legal, pouco importa a nomenclatura dada ou a destinação.

O fato gerador, como já visto, é o ato que enseja a obrigação tributária, que, de acordo com o CTN, é definido da seguinte forma:

> Art. 114. Fato gerador da obrigação principal é a situação definida em lei como necessária e suficiente à sua ocorrência.
>
> Art. 115. Fato gerador da obrigação acessória é qualquer situação que, na forma da legislação aplicável, impõe a prática ou a abstenção de ato que não configure obrigação principal. (Brasil, 1966b)

Para melhor compreensão, deve-se retomar um conteúdo visto anteriormente: a regra-matriz de incidência.

A regra-matriz de incidência é a regra que define a incidência de um tributo, descrevendo fatos e estipulando os sujeitos da relação. Quando se fala de *incidência* de uma norma tributária, aborda-se a subsunção de um fato (fato jurídico tributário) ao desenho normativo da hipótese. Quer dizer, só existirá obrigação tributária quando se realizar, no plano concreto, o fato jurídico tributário.

Como já foi mencionado, a regra-matriz de incidência é composta da hipótese de incidência e do consequente tributário. A hipótese de incidência descreve abstratamente o fato jurídico tributário e é fracionada em critério material (descrição da situação reveladora de riqueza relacionada a uma ação humana), critério espacial (local de ocorrência do fato) e critério temporal (momento de ocorrência do fato). Já o consequente tributário é onde está descrita a obrigação tributária e pode ser fracionado em critério pessoal (sujeito ativo e sujeito passivo) e critério quantitativo (base de cálculo e alíquota).

Logo, com isso, é possível compreender que a obrigação tributária irá surgir com a ocorrência do fato gerador.

Entretanto, importante ponderar a respeito da expressão *fato gerador*, utilizada pelo publicista francês Gaston Jèze e amplamente disseminada no Brasil. Esse termo é acompanhado de

> um vício muito grave, qual seja a de aludirem, a um só tempo, a duas realidades essencialmente distintas: a) a descrição legislativa do fato que faz nascer a relação jurídica tributária; e b) o próprio acontecimento relatado no antecedente da norma individual e concreta do ato de aplicação. (Carvalho, 2009, p. 276)

Entre os doutrinadores brasileiros e também na jurisprudência, vemos de forma reiterada o uso de *fato gerador*, algumas vezes para mencionar-se a previsão legal do fato, elaboração tipicamente abstrata, que se situa no âmbito das ideias, no altiplano das construções normativas gerais e abstratas; quer os fatos jurídicos, enquanto enunciados denotativos que ocupam a posição sintática de antecedente das normas individuais e concretas. (Carvalho, 2009, p. 278)

Assim, nesta obra será adotado o termo *hipótese tributária* da mesma forma que Carvalho (2009) o faz, para a descrição normativa de um evento na sua forma prescritiva geral e abstrata. No lugar de *fato gerador*, será empregado o termo *fato jurídico tributário*, "para o fato que sucede no quadro de relacionamento social, dentro de específicas condições de espaço e de tempo, que podemos captar por meio de nossos órgãos sensoriais, e até dele participar fisicamente" (Carvalho, 2009, p. 278).

Ademais, com essa conceituação, pode-se identificar quais são as espécies de tributos previstas no ordenamento jurídico brasileiro, quais sejam:

I. impostos;
II. taxas;
III. contribuições de melhorias;
IV. empréstimos compulsórios;
V. contribuições sociais e econômicas.

Os **impostos** se tratam de "uma modalidade de tributo que tem a **hipótese de incidência** um fato qualquer, não consistente numa atuação estatal" (Carrazza, 2006, p. 454, grifo do original). Também é considerado um tributo não vinculado, já que não está ligado a uma atuação estatal, ou seja, "um tributo cuja receita não está vinculada a qualquer despesa estatal" (Matthes, 2019, p. 79). Logo, "os impostos são, pois, prestações pecuniárias desvinculadas de qualquer relação de troca ou utilidade"(Carrazza, 2006, p. 455), não havendo necessidade de a entidade tributante ofertar qualquer contraprestação ao contribuinte.

Já as **taxas** são obrigações *ex lege* que surgem da realização de atividades estatais relacionadas ao contribuinte, mesmo que por ele não requerida ou para ele desvantajosa. Assim, é necessário que o Estado faça algo em benefício do contribuinte, para que então possa exigir esse tributo.

Portanto, é possível afirmar "que taxas são tributos que têm por hipótese de incidência uma atuação estatal diretamente referida ao contribuinte" (Carrazza, 2006, p. 461). Desse modo, podem consistir, de acordo com o art. 145, II, da Constituição Federal de 1988 (Brasil, 1988) em um serviço público ou em um ato de polícia.

As taxas cobradas pela prestação de serviços públicos ocorrerão nos casos em que a pessoa política realizar alguma atividade efetiva ou potencial ao contribuinte, ou apenas posta à sua disposição, conforme prevê o art. 77 do CTN.

As taxas cobradas em razão do exercício do poder de polícia serão instituídas sempre que o Estado exercitar tal poder. Por *poder de polícia*, conforme redação do art. 78 do CTN, pode-se entender a:

> atividade da administração pública que, limitando ou disciplinando direito, interesse ou liberdade, regula a prática de ato ou abstenção de fato, em razão de interesse público concernente à segurança, à higiene, à ordem, aos costumes, à disciplina da produção e do mercado, ao exercício de atividades econômicas dependentes de concessão ou autorização do Poder Público, à tranquilidade pública ou ao respeito à propriedade e aos direitos individuais ou coletivos. (Brasil, 1966b)

As **contribuições de melhorias** ocorrem quando há realização de obras públicas que beneficiem de alguma forma os proprietários de imóveis. Logo, ao realizar a obra, o ente poderá arrecadar a contribuição de melhoria dos beneficiados pela obra. Ao comparar a contribuição de melhorias com as taxas,

> que também são tributos vinculados a uma atuação do Estado, as contribuições de melhoria se distinguem por dois pontos expressivos: pressupõem uma obra pública e não serviço público; e dependem de um fator intermediário, que é a valorização do bem imóvel. Daí dizer-se que a contribuição de melhoria é um tributo vinculado a uma atuação do Poder Público, porém indiretamente referido ao obrigado. (Carvalho, 2009, p. 43)

Os **empréstimos compulsórios** são um tributo de competência exclusiva da União, a qual poderá, somente por intermédio de lei complementar, criar ou aumentar os empréstimos compulsórios existentes.

Conforme entende Carvalho (2009), existem duas modalidades de empréstimos compulsórios:

I. para o atendimento de despesas extraordinárias como consequência de calamidade pública, de guerra externa ou a iminência desta;

II. na necessidade de investimento público de caráter urgente e de relevante interesse nacional, e somente nesse caso deverá ser observado o princípio da anterioridade.

Uma característica importante desse tributo é a restituibilidade. Assim, tudo que for cobrado deverá ser devolvido pela União ao contribuinte, com juros e correção monetária, quando cessadas as causas que deram motivo à cobrança.

É importante ressaltar que nenhuma das situações previstas no art. 148 da Constituição Federal configura um fato jurídico tributável; são apenas "pressupostos fáticos que, quando ocorridos, poderão (e não deverão) justificar a criação de um empréstimo compulsório, por meio de lei complementar" (Matthes, 2019, p. 101).

Por fim, as **contribuições sociais e econômicas** não estão relacionadas a qualquer atividade estatal, entretanto, suas receitas são vinculadas a despesas específicas.

Desse modo, é de competência exclusiva da União a instituição das contribuições "sociais, de intervenção no domínio econômico e de interesse das categorias profissionais ou econômicas, como instrumento de sua atuação nas respectivas áreas" (Matthes, 2019 p. 101).

O Supremo Tribunal Federal (STF) divide as contribuições em quatro categorias, quais sejam:

I. Contribuições de interesse das categorias profissionais ou econômicas (divididas em contribuições sindicais e anuidades).
II. Contribuições de Intervenção no Domínio Econômico – Cide (dos combustíveis e dos *royalties*).
III. Contribuições sociais (divididas em três: contribuições sociais gerais, contribuições social-previdenciárias e outras contribuições).
IV. Outras contribuições.

3.2 Tributação sobre o consumo de bens e serviços

A Constituição Federal delimitou os tributos que devem incidir sobre o consumo de bens e serviços. Desse modo, quando se pensa na tributação sobre o consumo, o critério preliminarmente determinado é o da riqueza visada, isto é, o critério da capacidade contributiva demonstrada. Assim, a "capacidade contributiva do indivíduo significa sua idoneidade econômica para suportar, sem sacrifício do indispensável à vida compatível com a dignidade humana, uma fração qualquer do custo total de serviços públicos" (Baleeiro, 1972, p. 272).

Como base, deve-se entender que o pressuposto do tributo sobre o consumo de bens e serviços é um fato presuntivo de riqueza, devendo esse fato revelar uma capacidade econômica que fundamente a incidência do tributo (capacidade contributiva).

Sobre a conceituação do tributo sobre o consumo, este deverá "incidir sobre aquele valor que não representa o custo do produtor na confecção daquele bem, mas sim sobre a quantia que represente o valor que o consumidor terá de assumir para usufruir de determinado bem ou serviço produzido por outrem" (Teixeira, 2002, p. 64).

Com isso, a seguir serão abordados os tributos sobre o consumo de bens e serviços, quais sejam: ICMS, IPI, ISS, PIS/Pasep e PIS/Cofins.

3.2.1 ICMS – Imposto sobre Circulação de Mercadorias e Serviços

Nesse caso, o legislador constituinte foi extremamente cauteloso e detalhista ao institui-lo, reservando a essa exação uma grande quantidade de normas expressas e preceitos implícitos que servem como diretrizes e restrições à legislação infraconstitucional – uma verdadeira prefixação da legislação ordinária. As diretrizes constitucionais do ICMS são encontradas, genericamente, no art. 155, II, da Constituição Federal, que assim estabelece:

> Art. 155. Compete aos Estados e ao Distrito Federal instituir impostos sobre: [...]
>
> II–operações relativas à circulação de mercadorias e sobre prestações de serviços de transporte interestadual e intermunicipal e de comunicação, ainda que as operações e as prestações se iniciem no exterior. (Brasil, 1988)

Facilmente, nota-se que a Lei Maior estabelece que o ICMS será de competência dos estados e do Distrito Federal, eis que possibilitou a esses entes a faculdade de instituir ou dispor sobre essa exação, mediante lei ordinária.

No entanto, cabe ressaltar que a União também está autorizada pela Constituição (arts. 147 e 154, II) a criar esse imposto de forma excepcional e em todo o território nacional.

A Constituição, ao estabelecer o ICMS, acabou por aglutinar impostos diferentes, dando-lhes a mesma nomenclatura, ou seja, fatos econômicos distintos passaram a constituir hipóteses de incidência de uma única exação.

Há divergências doutrinárias a respeito dos impostos aglutinados na sigla ICMS; nesta obra, será adotado o fracionamento de Carrazza (2006), que considera pelo menos cinco impostos diferentes albergados na sigla:

I. imposto sobre operações mercantis (operações relativas à circulação de mercadorias);

II. imposto sobre serviços de transporte interestadual e intermunicipal;
III. imposto sobre serviços de comunicação;
IV. imposto sobre produção, importação, circulação, distribuição ou consumo de lubrificantes e combustíveis líquidos e gasosos e de energia elétrica;
V. imposto sobre a extração, circulação, distribuição ou consumo de minerais.

Ainda segundo o autor, por mais que tais impostos estejam aglutinados em uma única exação, existem hipóteses de incidência e bases de cálculo completamente diferentes. O que distingue um tributo de outro não é a sua nomenclatura, muito menos a destinação do produto de sua arrecadação, mas a sua hipótese de incidência confirmada pela base de cálculo. Tal aglutinação só se faz possível porque as referidas hipóteses apresentam núcleo central em comum.

Ademais, o contribuinte poderá ser toda pessoa, tanto física como jurídica, que realizar, de forma habitual ou em grande volume que caracterize o intuito comercial, operações de circulação de mercadoria ou prestações se serviços de transporte interestadual e intermunicipal e de comunicação, mesmo que as operações de início no exterior.

Em relação ao fato jurídico tributário,

> considera-se ocorrido o fato gerador do imposto no momento da saída de mercadoria de estabelecimento de contribuinte, ainda que para outro estabelecimento do mesmo titular; do fornecimento de alimentação, bebidas e outras mercadoria por qualquer estabelecimento; da transmissão a terceiro de mercadoria depositada em armazém geral ou em depósito fechado, no Estado do transmitente; da transmissão de propriedade de mercadoria,

ou de título que a represente, quando a mercadoria não tiver transitado pelo estabelecimento transmitente; do início da prestação de serviços de transporte interestadual e intermunicipal, de qualquer natureza; do ato final do transporte iniciado no exterior; das prestações onerosas de serviços de comunicação, feita por qualquer meio, inclusive a geração, a emissão, a recepção, a transmissão, a retransmissão, a repetição e a ampliação da comunicação de qualquer natureza; do fornecimento de mercadoria com prestação de serviços: a) não compreendido na competência tributária dos Municípios; b) compreendidos na competência tributária dos Municípios e com indicação expressa de incidência do imposto de competência estadual, como definido na lei complementar aplicável; do desembaraço aduaneiro de mercadorias ou bens importados do exterior; do recebimento, pelo destinatário, de serviço prestado no exterior; da aquisição em licitação pública de mercadorias ou bens importados do exterior e apreendidos ou abandonados; da entrada no território do Estado de lubrificantes e combustíveis líquidos e gasosos derivados de petróleo e energia elétrica oriundos de outro Estado, quando não destinados à comercialização ou à industrialização; da utilização, por contribuinte, de serviço cuja prestação se tenha iniciado em outro Estado e não esteja vinculada a operação ou prestação subsequente. (Matthes, 2019, p. 89)

É importante ressaltar que, quando o Lei Maior se refere à circulação de mercadorias, ela está utilizando uma figura jurídica. Nesse contexto, o conceito jurídico de circulação pressupõe a ocorrência da mudança de titularidade da mercadoria, e não uma mudança meramente física.

Concernente à base de cálculo e à alíquota, estas combinadas servem para dimensionar a materialidade do tributo, determinando o valor da prestação pecuniária. Nesse sentido, caberá ao Senado Federal, por meio de resolução, "estabelecer as alíquotas aplicáveis às operações e prestações, interestaduais e de exportação, sendo possível ao Senado, estabelecer alíquotas mínimas nas operações internas" (Matthes, 2019, p. 90).

Entretanto, nas operações que destinarem mercadorias ou serviços para consumidores finais localizados em outros estados, conforme previsto no art. 155, parágrafo 2º, VII, da Constituição:

> para calcular o valor do tributo devido, deve-se adotar, primeiramente, a alíquota interestadual para quitação do ICMS no Estado de origem e caberá ao Estado de localização do destinatário o imposto correspondente à diferença entre a alíquota interna do Estado destinatário e a alíquota interestadual. (Matthes, 2019, p. 90)

3.2.2 IPI – Imposto sobre Produtos Industrializados

O IPI tem sua previsão constitucional no art. 153, IV, e é regulamentado pelos arts. 46 a 51 do CTN e também pelo Decreto n. 7.212, de 15 de junho de 2010. Assim, é de competência tributária da União e tem como fato jurídico tributário:

I. seu desembaraço aduaneiro, se for de origem estrangeira;
II. sua saída dos estabelecimentos de qualquer importador, industrial, comerciante ou arrematante;
III. sua arrematação, no caso de ser apreendido ou abandonado e levado a leilão.

Para compreensão do conceito de produtos industrializados, deve-se considerar como base o parágrafo único do art. 46 do

CTN: "Para os efeitos deste imposto, considera-se industrializado o produto que tenha sido submetido a qualquer operação que lhe modifique a natureza ou a finalidade, ou o aperfeiçoe para o consumo" (Brasil, 1966b).

Nesse sentido, de acordo com o Superior Tribunal de Justiça (STJ), o conceito de industrializado é bastante amplo no CTN, pois, não inclui só as operações de transformações da natureza do produto, mas também as que ensejam na alteração do uso, funcionamento, acabamento e apresentação.

Esse imposto pode ter três bases de cálculo diferentes: "nas operações de importação de produtos estrangeiros, será o preço normal do produto acrescido do Imposto sobre Importação, das taxas exigidas para a entrada do produto no País e dos encargos cambiais efetivamente pagos pelo importador ou dele exigíveis" (Matthes, 2019, p. 84). Logo, na saída do produto do estabelecimento industrial e comercial de produtos sujeitos ao imposto, a base de cálculo será o valor da operação ou, na sua falta, o preço corrente da mercadoria ou sua similar no mercado atacadista da praça do remetente. Por fim, no caso de arrematação de produtos apreendidos ou abandonados levados a leilão, a base será o preço da arrematação (Matthes, 2019).

Por meio da análise dos fatos geradores do IPI, é possível assegurar que os sujeitos passivos da obrigação tributária poderão ser o importador, o industrial e o estabelecimento equiparado ao industrial.

Por fim, a alíquota do IPI poderá ser aumentada ou reduzida por meio de ato do Poder Executivo e passará a valer após o período de 90 dias.

3.2.3 ISS – Imposto sobre Serviços

O ISS tem previsão no art. 156, III, da Constituição Federal e foi regulamentado pela Lei Complementar n. 116, de 31 de julho de 2003 (Brasil, 2003a). Assim, conforme previsto na Constituição, o ISS é um imposto de competência dos municípios e do Distrito Federal.

A referida lei complementar tem uma lista anexa que prevê um rol taxativo de serviços, os quais, quando realizados pelo contribuinte, acarretam a ocorrência do fato gerador desse imposto. Entretanto, apesar de a lista prever um rol taxativo, pode-se fazer uma interpretação de modo ampliado, "em vista da utilização de expressões como 'serviços congêneres', para designar serviços similares aos previstos na lista, mas não expressamente nomeados" (Matthes, 2019, p. 92).

Sobre o tema, é importante ponderar que os serviços passíveis de tributação do ISS têm natureza de obrigação de fazer. Esse é o tema da Súmula Vinculante n. 31: "É inconstitucional a incidência do imposto sobre serviços de qualquer natureza – ISS sobre operações de locação de bens móveis" (STF, 2010).

Ademais, o ISS tem como fato gerador do imposto a prestação de serviços presentes na lista anexa da Lei Complementar n. 116/2003, mesmo que não sejam atividades predominantes do prestador.

Em relação ao critério espacial da relação jurídico-tributária do ISS, conforme o art. 3º da Lei Complementar n. 116/2003, o tributo é devido no local do estabelecimento prestador ou, na falta do estabelecimento, no local do domicílio do prestador. É importante atentar-se às exceções descritas nos incisos de I a XXV do referido artigo, quando o imposto será devido no próprio local.

Segundo a redação do art. 5º da lei citada, o contribuinte do ISS é o próprio prestador do serviço. Entretanto, o art. 6º da mesma lei assevera que os municípios e o Distrito Federal, mediante lei, poderão atribuir de modo expresso a responsabilidade pelo crédito tributário a uma terceira pessoa, vinculada ao fato gerador da respectiva obrigação, excluindo a responsabilidade do contribuinte ou atribuindo-a a este em caráter supletivo do cumprimento total ou parcial da referida obrigação, inclusive no que se refere à multa e aos acréscimos legais.

Por fim, a base de cálculo do ISS é o próprio preço do serviço, não possibilitando a inclusão do valor dos materiais fornecidos pelo prestador dos serviços que versem sobre execução e reparação. Já a alíquota não pode exceder a 5% nem ser inferior a 2%.

3.2.4 PIS/Pasep – Programa de Integração Social/ Programa de Formação do Patrimônio do Servidor Público

A Constituição Federal estabelece, em seu art. 195, I, b, uma contribuição para o financiamento da seguridade social sobre o faturamento e a receita. Com isso, em seu art. 239, acolheu a contribuição sobre o PIS/Pasep, criada por meio da Lei Complementar n. 7, de 7 de setembro de 1970 (Brasil, 1970).

O critério pessoal da regra-matriz de incidência do tributo reconhece a União como ente competente para instituir (sujeito ativo) e cobrar o PIS/Pasep; o sujeito passivo da obrigação é o empregador ou qualquer pessoa equiparada a ele, executando-se aqueles que optam pelo regime do Simples Nacional.

O fato gerador diz respeito à obtenção de receita resultante dos fatos que envolvem o faturamento por venda de mercadorias, de serviços ou de mercadorias e serviços.

Já a base de cálculo é o total das receitas auferidas e tem como alíquotas os valores entre 0,65% e 3% no regime cumulativo e de 1,65% no regime não cumulativo, para a contribuição do PIS, conforme regulamenta a Lei n. 9.718, de 27 de novembro de 1998 (Brasil, 1998).

3.2.5 PIS/Cofins – Programa de Integração Social/ Contribuição para o Financiamento da Seguridade Social

Da mesma forma que o PIS/Pasep, o PIS/Cofins está previsto na Constituição Federal, em seu art. 195, I, b, que estabelece a contribuição para o financiamento da seguridade social sobre o faturamento e a receita. A Cofins foi instituída pela Lei Complementar n. 70, de 30 de dezembro de 1991 (Brasil, 1991).

O critério material, ou fato gerador da Cofins, pode ser compreendido como o faturamento mensal, entendido como a receita bruta das pessoas físicas ou jurídicas, de acordo com o art. 1º, parágrafo 1º, da Lei n. 10.833, de 29 de dezembro de 2003 (Brasil, 2003b).

O sujeito ativo da Cofins, logo, ente competente para instituir e cobrar o tributo, é a União. Já o sujeito passivo é, conforme o art. 195 da Constituição Federal, o empregador, a empresa e a entidade equiparada na forma da lei.

Já a base de cálculo da contribuição deverá incidir sobre a receita ou o faturamento do contribuinte e poderá apresentar como alíquota-base o valor de 7,6%, conforme a Lei n. 9.718/1998. Entretanto, importante ponderar que a Lei n. 10.833/2003 estabeleceu diversas exações, de acordo com o disposto em seu art. 2º.

3.3 Tributação sobre patrimônio

A Constituição Federal de 1988 criou alguns tributos que apresentam como critério material a propriedade, o domínio útil ou a posse. Alguns deles serão vistos a seguir.

3.3.1 ITCMD – Imposto sobre Transmissão *Causa Mortis* e Doação

Instituído pelo art. 155, I, da Constituição Federal, é de competência dos estados e incide sobre qualquer transmissão *causa mortis* (testamento ou inventário) de bens móveis ou imóveis e também sobre qualquer doação de bens móveis e imóveis intervivos.

No que tange ao critério temporal, se houver transmissão de bens *causa mortis*, o critério será o final do inventário, aplicando-se a alíquota vigente no momento da morte. Agora, quando se tratar de transmissão de bens intervivos, o critério temporal será a data em que ocorrer a transmissão do bem, por meio do registro, no caso do bem imóvel, e pela tradição, no caso do bem móvel.

Terá como sujeito ativo o estado ou Distrito Federal e como sujeito passivo o herdeiro ou donatário.

Ademais, o critério espacial, no caso da doação, será o estado do domicílio do doador ou o local do bem imóvel. Entretanto, se for objeto de herança, sendo bem imóvel, o critério espacial será o estado do bem e, caso seja bem móvel, será o estado onde se processar o inventário ou o domicílio do *de cujus*.

A base de cálculo terá o valor do bem móvel ou imóvel, e a alíquota será fixada de acordo com a legislação de cada estado, não podendo ultrapassar o valor máximo de 8%, conforme resolução do Senado Federal n. 9, de 5 de maio de 1992 (Senado Federal, 1992).

3.3.2 ITBI – Imposto sobre Transmissão Intervivos de Bens Imóveis

É de competência dos municípios e do Distrito Federal, incidente sobre a transmissão intervivos, a qualquer título, por ato oneroso, de bens imóveis, por natureza ou acessão física, e de direitos reais sobre imóveis, exceto os de garantia, bem como cessão de direitos a sua aquisição, conforme previsão do art. 156, II, da Constituição.

Entretanto, a Constituição Federal determinou que o ITBI não incide sobre a transmissão de bens ou direitos incorporados ao patrimônio de pessoa jurídica em realização de capital, nem sobre a transmissão de bens ou direitos decorrente de fusão, incorporação, cisão ou extinção de pessoa jurídica, salvo se, nesses casos, a atividade preponderante do adquirente for compra e venda desses bens ou direitos, locação de bens imóveis ou arrendamento mercantil.

Já a base de cálculo do ITBI é o valor venal dos bens ou direitos que forem transmitidos a terceiros. Quanto à alíquota, nem a Constituição Federal, nem o CTN dispõem sobre ela, logo, compete ao município ou ao Distrito Federal estabelecer a alíquota do ITBI por meio de lei.

3.3.3 ITR – Imposto sobre a Propriedade Territorial Rural

É um tributo de competência da União e tem previsão legal no art. 153, inciso VI, da Constituição Federal. Assim, o ITR incide sobre a propriedade, o domínio útil ou a posse de bem imóvel localizado fora das áreas urbanas, isto é, nas zonas rurais dos municípios.

O critério temporal, ou seja, o momento em que ocorre o fato de repercussão jurídica relevante, é o primeiro dia de janeiro de cada ano.

A base de cálculo do ITR é o valor fundiário do bem, conforme art. 30 do CTN. A alíquota é estabelecida em função da área total do imóvel e o seu grau de utilização. Assim, quanto maior for a área total do imóvel, maior será a alíquota, logo, quanto maior a porção de terra utilizada com agricultura, por exemplo, menor será a alíquota.

3.3.4 IPTU – Imposto sobre a Propriedade Territorial Urbana

De acordo com o art. 156, inciso I, da Constituição Federal, o IPTU é de competência dos municípios e do Distrito Federal. Deverá incidir (tem como fato gerador) sobre a propriedade, o domínio útil ou a posse do imóvel urbano.

O IPTU tem como base de cálculo o valor venal do imóvel. O contribuinte poderá ser o possuidor a qualquer título, o titular do seu domínio útil ou o proprietário do imóvel.

Para diferenciar do ITR, o CTN apresenta um critério em seu art. 32, e o Decreto-Lei n. 57, de 18 de novembro de 1966 (Brasil, 1966a), apresenta outro critério, os quais especificam o que são áreas urbanas, quais sejam: a localização e a destinação econômica da área. Pelo critério estabelecido por meio da localização, compreende-se como *zona urbana* a área definida pela legislação municipal e que demonstre dois dos seguintes melhoramentos:

    I - meio-fio ou calçamento, com canalização de águas pluviais;

II - abastecimento de água;
III - sistema de esgotos sanitários;
IV - rede de iluminação pública, com ou sem posteamento para distribuição domiciliar
V - escola primária ou posto de saúde a uma distância máxima de 3 (três) quilômetros do imóvel considerado. (Brasil, 1966b)

Entretanto, conforme a redação do art. 15 do Decreto-Lei n. 57/1966, de acordo com o critério da destinação econômica da área, o art. 32 do CTN

> não abrange **o imóvel de que, comprovadamente, seja utilizado em exploração extrativa vegetal, agrícola, pecuária ou agroindustrial, incidindo assim, sobre** o mesmo, o ITR e demais tributos com o mesmo cobrados. (Brasil, 1966a)

Conforme a redação do art. 156, parágrafo 1º, da Constituição Federal, o IPTU pode ter alíquotas progressivas tanto em virtude do valor venal do imóvel, tratando-se da progressividade fiscal, quanto por conta da localização e do uso do imóvel, tratando-se da progressividade mista.

Ademais, as duas modalidades de progressividade foram inseridas pela Emenda Constitucional n. 29, de 13 de setembro de 2000 (Brasil, 2000); antes, a única modalidade possível era a extrafiscal. Trata-se de progressividade que não visa, inicialmente, à arrecadação, mas estimular ou desestimular condutas. Assim,

> caso um proprietário de imóvel urbano não dê a correta destinação social ao seu imóvel, o Poder Público poderá, após encaminhar notificação para edificação compulsória, majorar progressivamente a alíquota do IPTU pelo prazo de cinco anos consecutivos, desde que a alíquota

aplicada a cada ano, não seja superior a duas vezes o valor referente ao ano anterior e que respeite a alíquota máxima de quinze por cento. (Matthes, 2019, p. 91-92)

3.3.5 IPVA – Imposto sobre a Propriedade de Veículos Automotores

De acordo com o art. 155, inciso III, da Constituição Federal, os estados e o Distrito Federal têm competência para cobrar o IPVA.

O critério material desse tributo é o sujeito passivo ser proprietário de veículo automotor. Desse modo, o imposto se instaura no momento da aquisição do veículo ou em 1º de janeiro, caso nessa data já haja a relação de propriedade instaurada.

No que tange ao critério pessoal, o sujeito ativo é o Estado ou o Distrito Federal e o sujeito passivo é o proprietário do veículo. Já o valor a ser pago é uma relação entre a base de cálculo e a alíquota. Nesse sentido, a base de cálculo é determinada pelo valor de mercado do veículo; sua alíquota mínima será fixada pelo Senado Federal e poderá ter índices diferenciados de acordo com o tipo e utilização do veículo.

3.4 Tributação sobre a renda das pessoas físicas e sobre o lucro de pessoas jurídicas

A tributação sobre a renda é uma espécie imposto, de competência federal, e tem previsão no art. 153, inciso III, da Constituição Federal. Com isso, haverá tributação sobre a renda das pessoas físicas e também sobre o lucro das pessoas jurídicas, como será abordado a seguir.

3.4.1 IRPF – Imposto de Renda de Pessoa Física

O IRPF é de competência da União e, além da Constituição Federal, é tratado no art. 43 do CTN.

Esse imposto tem como fato gerador a aquisição da disponibilidade econômica de renda, assim entendido o produto do capital, do trabalho ou da combinação de ambos, e também dos proventos de qualquer natureza, assim entendidos os acréscimos patrimoniais.

O critério temporal é a disponibilidade financeira ocorrida dentro do lapso temporal de 1º a 31 de dezembro de cada ano. Quanto ao critério espacial, deverão ser tributadas rendas e proventos de pessoas que possuam residência ou domicílio no Brasil, estando sujeitas à tributação de rendimento advindos tanto do Brasil quanto do exterior, conforme parágrafo 2º do art. 43 do CTN: "Na hipótese de receita ou de rendimento oriundos do exterior, a lei estabelecerá as condições e o momento em que se dará sua disponibilidade, para fins de incidência do imposto referido neste artigo" (Brasil, 1966b).

Já a base de cálculo, conforme previsto no art. 44 do CTN, será o montante, real, arbitrado ou presumido, da renda ou dos proventos tributáveis. A alíquota do IRPF está disposta em uma tabela com índices progressivos, que variam de 7,5% a 27,5%, conforme a renda auferida.

3.4.2 IRPJ – Imposto de Renda de Pessoa Jurídica

De acordo com o art. 43 do CTN, estipula-se como fato gerador do IRPJ a aquisição de disponibilidade econômica ou jurídica de renda ou proventos de qualquer natureza, desde que não incluídos no conceito de renda.

A base de cálculo do IRPJ é o montante, real, arbitrado ou presumido, da renda ou dos proventos tributáveis, correspondente ao período de apuração. Assim, conforme art. 210, parágrafos 1º e 2º, do Decreto n. 9.580, de 22 de novembro de 2018 (Brasil, 2018), integrarão a base de cálculo todos os ganhos e os rendimentos de capital, independentemente da denominação que lhes for conferida, da natureza, da espécie, da condição jurídica ou nacionalidade da fonte, da sua origem, da forma de percepção ou da existência de título ou contrato escrito.

Já a alíquota será de 15% sobre o lucro, havendo adicional de 10% sobre a parcela do lucro que exceder a R$ 20.000,00.

No que tange ao critério temporal, o IRPJ será determinado por períodos trimestrais de apuração, compreendidos nos dias 31 de março, 30 de junho, 30 de setembro e 31 de dezembro de cada ano. Ou, por opção do contribuinte, o lucro poderá ser apurado anualmente.

Quanto ao critério pessoal, o sujeito ativo é a União Federal e o sujeito passivo são as pessoas jurídicas de direito privado domiciliadas no país, sejam quais forem os seus fins, a sua nacionalidade ou os participantes em seu capital; as filiais, as sucursais, as agências ou as representações no país das pessoas jurídicas com sede no exterior; e os comitentes domiciliados no exterior, quanto aos resultados das operações realizadas por seus mandatários ou seus comissários no país, conforme art. 159 do Decreto n. 9.580/2018.

3.5 Tributos nas demonstrações contábeis

De forma sucinta, as demonstrações contábeis apresentam a situação econômica e financeira de uma empresa durante um certo período. É, em suma, um ordenado de receitas e despesas de uma empresa.

A Lei n. 6.404, de 15 de dezembro de 1976, em seu art. 176, estabelece quais são as demonstrações financeiras anuais das empresas:

> Art. 176. Ao fim de cada exercício social, a diretoria fará elaborar, com base na escrituração mercantil da companhia, as seguintes demonstrações financeiras, que deverão exprimir com clareza a situação do patrimônio da companhia e as mutações ocorridas no exercício:
> I - balanço patrimonial;
> II - demonstração dos lucros ou prejuízos acumulados;
> III - demonstração do resultado do exercício; e
> IV - demonstração dos fluxos de caixa; e
> V - se companhia aberta, demonstração do valor adicionado. (Brasil, 1976)

Cada um dos demonstrativos contemplados na lei é de suma importância para a atividade empresarial. Contudo, nesta obra o foco será a Demonstração do Resultado do Exercício (DRE), porque será nela que os tributos podem ser encontrados de forma mais clara e didática.

A DRE é composta, de forma simples, dos seguintes elementos:

Receita bruta
   (–) Deduções e abatimentos
   (=) Receita líquida

(–) CPV (custo de produtos vendidos), CMV (custos de mercadorias vendidas) ou CPS (custo dos serviços prestados)
(=) Lucro bruto
(–) Despesas com vendas
(–) Despesas administrativas
(–) Despesas financeiras
= Resultado operacional líquido
(–) Despesas extraoperacionais
= Resultado antes IR e CS
(–) Provisões IR e CS
= Resultado líquido

A receita bruta é o faturamento total da empresa com a sua atividade. Já a deduções de receita dizem respeito a valores que, não obstante componham a receita bruta, não pertencem à empresa, razão pela qual devem ser deduzidos, como vendas canceladas e tributos incidentes sobre a venda e serviços (ICMS, IPI, ISS, PIS e Cofins).

A seguir, pode-se ver a simulação da composição de uma receita bruta.

Tabela 3.1 – Composição de receita bruta

RECEITA BRUTA		100000
– Vendas de mercadorias	50000	
– Prestação de serviços	50000	
DEDUÇÕES DA RECEITA BRUTA		**(30300)**
– ICMS	18000	18000
– ISS	5000	5000
– PIS + Cofins	7300	7300
RECEITA LÍQUIDA		**130300**

Verifica-se, portanto, que a receita bruta e as deduções irão compor a receita líquida de vendas e serviços.

Na sequência, o demonstrativo contempla o custo de mercadorias, produtos e serviços, o qual se consubstancia como o custo necessário para a venda da mercadoria e/ou a prestação do serviço. No caso de empresas que realizam atividade industrial, tal elemento é chamado de *custo dos produtos vendidos* (CPV); no caso de atividades comerciais, de *custo das mercadorias vendidas* (CMV); e no caso de atividades de serviços, de *custo de serviços prestados* (CSP).

A dedução do custo na receita bruta leva à apuração do lucro bruto, conforme demonstra a tabela a seguir.

Tabela 3.2 – Apuração do lucro bruto

RECEITA LÍQUIDA		130300
CUSTO DAS VENDAS DE BENS E SERVIÇOS		(4400)
- Custo das mercadorias vendidas	20000	
- Custo dos produtos vendidos	10000	
- Custo dos serviços prestados	14000	
LUCRO BRUTO		134700

Uma vez obtido o lucro bruto, que nada mais é do que o custo do produto retirado da receita, deverão incidir as demais despesas para o exercício da atividade empresarial. São as despesas operacionais, compostas por despesas de vendas (decorrentes da concretização da venda), despesas financeiras (com empréstimos bancários) e despesas administrativas (de pessoal, tributária, de infraestrutura e valores de depreciação e amortização).

Contudo, o lucro bruto não representa o lucro da empresa. Por meio dele, pode-se obter o lucro operacional, que é o lucro após a dedução das despesas necessárias para o desempenho da atividade empresarial.

Tabela 3.3 – Dedução de despesas

LUCRO BRUTO			26970
DESPESAS OPERACIONAIS			**(5567)**
– Despesa de vendas		**(2250)**	
Propaganda	(1000)		
Frete	(1000)		
Comissões	(250)		
– Despesas financeiras		**(37)**	
Encargos financeiros	(50)		
Receitas de aplicações financeiras	13		
– Despesas de pessoal		**(2050)**	
– Despesas de depreciação		**(100)**	
– Despesas tributárias		**(950)**	
Encargos sociais	(600)		
IPTU	(100)		
IPVA	(60)		
PIS + Cofins	(20)		
CPMS + IOF	(140)		
Taxas diversas	(30)		
– Despesas com infraestrutura		**(180)**	
LUCRO OPERACIONAL			**21403**

Uma vez obtido o lucro operacional, parte-se para a dedução do resultado não operacional, aquelas receitas e despesas que não são oriundas diretamente da atividade da empresa – por exemplo, ganhos e perdas com os bens permanentes.

Após a dedução do resultado não operacional é que chegará o momento de incidência da tributação sobre o lucro.

Tabela 3.4 – Incidência da tributação

LUCRO OPERACIONAL			21403
RESULTADO NÃO OPERACIONAL			100
– Receitas não operacionais	250		
– Despesas não operacionais	(150)		
RESULTADO ANTES DO IR E DA CSLL			21503
– Contribuição Social sobre Lucro	(1935)		
– Imposto de Renda	(3225)		
LUCRO LÍQUIDO DO EXERCÍCIO			16343

Como se pode observar, após a incidência da tributação sobre o lucro, será obtido o lucro líquido do exercício. Destaca-se que o lucro denominado *lucro fiscal* é sempre o lucro antes da incidência dos impostos sobre o lucro.

Para saber mais

NORMAS brasileiras de contabilidade – NBC T XX: conteúdo
 e estrutura das demonstrações contábeis. Disponível em:
 <https://cfc.org.br/wp-content/uploads/2016/02/NBCT_3.pdf>.
 Acesso em: 16 jan. 2023.

Para uma correta elaboração e compreensão das demonstrações contábeis, indica-se as normas brasileiras de contabilidade. Com a análise do texto da norma, podem ser verificados todos os aspectos necessários para elaborar e interpretar uma demonstração contábil.

Síntese

Neste terceiro capítulo, debatemos sobre os tributos nas demonstrações financeiras. Assim, retomamos o conceito de tributo e adentramos a regra-matriz de incidência.

Vimos que a regra-matriz de incidência define a incidência de um tributo, descrevendo fatos e estipulando os sujeitos da relação. É composta da hipótese de incidência e do consequente tributário. A hipótese de incidência descreve abstratamente o fato jurídico tributário e é fracionada em critérios material, espacial e temporal. Já o consequente tributário é onde está descrita a obrigação tributária, fracionado em critério pessoal e critério quantitativo.

Citamos que o termo *fato gerador* é erroneamente utilizado, por isso adotamos *fato jurídico tributário*, de acordo com os ensinamentos de Carvalho (2009).

Ademais, abordamos a conceituação das espécies tributárias do imposto, das taxas, das contribuições de melhorias, dos empréstimos compulsórios e das contribuições sociais e econômicas.

Vimos, ainda, a tributação sobre o consumo de bens e serviços, sobre o patrimônio e sobre a renda de pessoas físicas e lucro de pessoas jurídicas, juntamente com os tributos relacionados.

Questões para revisão

1) (FGV/OAB – EXAME XIV, 2014) Empresa X, constituída em 1980, entrou com ação na Justiça Federal impugnando a cobrança da Contribuição Sobre o Lucro – CSLL, alegando que, apesar de prevista no art. 195, I, c, da Constituição Federal, trata-se de um tributo que tem o lucro

como fato gerador. Dessa forma, haveria um bis in idem em relação ao Imposto sobre a Renda das Pessoas Jurídicas (art. 153, III, da CRFB), o que é vedado pelo próprio texto constitucional.

A partir do caso narrado e considerando a jurisprudência dominante do Supremo Tribunal Federal, assinale a afirmativa correta.

a. A empresa tem razão porque os dois tributos têm o lucro como fato gerador, o que é vedado pela Constituição Federal.

b. A empresa, por ter sido constituída anteriormente à Constituição Federal de 1988, tem direito adquirido a não pagar CSLL.

c. A empresa não tem razão, porque ambos os tributos estão previstos na CRFB.

d. A empresa tem razão, pela clara violação à vedação ao confisco prevista pelo Art. 150, IV, da CRFB.

2) (FGV/Procempa, 2014) A carga tributária da pessoa jurídica Relevância Ltda. é majorada validamente por meio de um decreto que eleva a alíquota de determinado tributo que incide sobre sua atividade econômica.

Com base no caso exposto, assinale a opção que indica o tributo que foi majorado.

a. Imposto sobre Serviços (ISS).
b. Imposto sobre Operações Financeiras (IOF).
c. Imposto sobre a Circulação de Mercadorias e Serviços (ICMS).
d. Contribuição Social sobre o Lucro Líquido (CSLL).
e. Imposto sobre a Renda (IR).

3) (FGV/OAB – EXAME XXIX, 2019) O Estado X instituiu uma taxa definida como "Taxa sobre Transmissão Gratuita de Bens e Direito", tendo como fato gerador a transmissão de bens e direitos de forma gratuita, e cuja base de cálculo é idêntica à do ITCMD instituído por aquele Estado. Esta taxa foi criada porque o Estado X tinha necessidade de reforçar seu caixa, tendo como destinação o pagamento dos credores do Estado, pessoas naturais e jurídicas. Conforme a Constituição Federal e o código Tributário Nacional, esta cobrança:

   a. Não é taxa, visto que o fato gerador não é o exercício regular do poder de polícia, nem utilização efetiva ou potencial de serviço público específico e divisível, prestado ao contribuinte ou posto a sua disposição.
   b. Embora seja taxa, sua base de cálculo é imprópria.
   c. Mais conhecida como taxa imprópria por ter natureza temporária, sua criação e cobrança são contempladas pela Constituição Federal, mas restringe-se aos casos de ocorrência de necessidade extrema e urgente, é reconhecida e declarada por ato do Poder Executivo ou ente público que a criou.
   d. É taxa, pois foi assim denominada pela lei estadual que a instituiu, sendo essa denominação elemento essencial na determinação da sua natureza jurídica específica.

4) (FGV/OAB – EXAME XXXV, 2022) A sociedade empresária *ABC Ltda.* foi criada em janeiro de 2020 e estabelecida no município Alfa. É especializada em recauchutagem de pneus, atividade na qual o cliente entrega os pneus do seu automóvel ao estabelecimento para que esses passem por um complexo processo de recuperação

da borracha e de sua forma (raspagem, colagem, vulcanização etc.), transformando o pneu velho e desgastado em um pneu novo para uso do respectivo cliente em seu automóvel. Antes de iniciar suas atividades, ainda na fase de regularização fiscal, você é chamado(a) para emitir parecer sobre qual imposto incidirá naquela operação.

Diante desse cenário, incidirá

a. o Imposto sobre Serviços (ISS), uma vez que a atividade da sociedade empresária é realizada por encomenda do proprietário do automóvel, dono dos pneus.

b. o Imposto sobre Circulação de Mercadorias e Serviços (ICMS), uma vez que, na operação descrita, os pneus são considerados mercadorias.

c. o Imposto sobre Produtos Industrializados (IPI), uma vez que, na operação descrita, há um processo de industrialização na recauchutagem dos pneus, na espécie transformação.

d. o Imposto sobre Circulação de Mercadorias e Serviços (ICMS), uma vez que, nessa operação, os pneus são considerados mercadorias, acrescido do Imposto sobre Produtos Industrializados (IPI), uma vez que há um processo de industrialização na operação.

5) FGV/OAB – EXAME XXXVI, 2022) A Secretaria da Receita Federal do Brasil lavrou, em 2022, auto de infração de um milhão de reais em face da sociedade empresária *Maçã Ltda.* por não ter recolhido o Imposto de Importação (II) e a Contribuição Social Sobre Lucro Líquido (CSLL) referentes ao ano de 2021, incidentes sobre a comercialização de livros eletrônicos (*e-books*) por ela importados e comercializados no país. O departamento

jurídico da sociedade autuada contrata você, como advogado(a), para emitir parecer para fundamentar sua defesa. Diante desse cenário, assinale a afirmativa correta.

a. O II e a CSLL são indevidos, pois os livros eletrônicos (*e-books*) se enquadram na imunidade tributária dos livros.

b. Apenas o II é indevido, pois os livros eletrônicos (*e-books*) se enquadram na imunidade tributária dos livros.

c. Apenas a CSLL é indevida, pois os livros eletrônicos (*e-books*) se enquadram na imunidade tributária dos livros.

d. O II e a CSLL são devidos, pois os livros eletrônicos (*e-books*) não se enquadram na imunidade tributária dos livros.

Questão para reflexão

Leia a ementa a seguir para responder às questões:

PROCESSUAL CIVIL. RECURSO ESPECIAL. CÓDIGO DE PROCESSO CIVIL DE 2015. APLICABILIDADE. PROPOSTA DE AFETAÇÃO COMO REPRESENTATIVO DA CONTROVÉRSIA. TRIBUTÁRIO. "CONTRIBUIÇÕES PARAFISCAIS". BASE DE CÁLCULO. APURAÇÃO. APLICAÇÃO DO TETO DE 20 (VINTE) SALÁRIOS MÍNIMOS. LEI N. 6.950/1981 E DECRETO-LEI N. 2.318/1986.

1. Delimitação da questão de direito controvertida: definir se o limite de 20 (vinte) salários mínimos é aplicável à apuração da base de cálculo de "contribuições

parafiscais arrecadadas por conta de terceiros", nos termos do art. 4º da Lei n. 6.950/1981, com as alterações promovidas em seu texto pelos arts. 1º e 3º do Decreto-Lei n. 2.318/1986.

2. Recurso especial submetido à sistemática dos recursos repetitivos, em afetação conjunta com o REsp n. 1.905.870/PE.

(STJ–ProAfR no REsp: 1898532 CE 2020/0253991-6, Relator: Ministra REGINA HELENA COSTA, Data de Julgamento: 15/12/2020, S1–PRIMEIRA SEÇÃO, Data de Publicação: DJe 18/12/2020)

Com base na ementa anterior, responda:

1) Qual a previsão legal das contribuições parafiscais arrecadadas por conta de terceiros?

2) Existe fundamento legal para a limitação do teto em 20 salários mínimos?

IV

Conteúdos do capítulo:

» Processo administrativo fiscal.
» Processo judicial.
» Questionamentos atuais no Superior Tribunal de Justiça (STJ).
» Questionamentos atuais no Supremo Tribunal Federal (STF).

Após o estudo deste capítulo, você será capaz de:

1. compreender as formas de discussão contenciosa dos tributos;
2. reconhecer os procedimentos contenciosos;
3. identificar os processos perante os tribunais superiores;
4. acompanhar os casos de questionamentos nos tribunais superiores.

Processo tributário

4.1 Fundamento legal

O nosso sistema jurídico assegura a todos os contribuintes o direito de se defender da atuação do Estado no âmbito da tributação. Tal direito encontra previsão expressa no art. 5º da Constituição Federal de 1988, *in verbis:*

> Art. 5º [...]
>
> LIV – ninguém será privado da liberdade ou de seus bens sem o devido processo legal;
>
> LV – aos litigantes, em processo judicial ou administrativo, e aos acusados em geral são assegurados o contraditório e ampla defesa, com os meios e recursos a ela inerentes; [...]. (Brasil, 1988)

Como se pode observar, o texto constitucional é claro em efetivar o direito de proteção dos contribuintes, permitindo a ampla defesa diante de qualquer acusação de descumprimento da legislação tributária, mediante o devido processo legal.

Não obstante o dever de pagar tributos ser intrínseco ao papel do cidadão e das empresas, é inegável que tal ato enseja a redução do direito de propriedade. Justamente por conta dessa inegável redução, a Constituição Federal estabeleceu claramente no inciso LIV do art. 5º o direito de todos de não serem privados de seus bens sem o devido processo legal.

Com isso, o texto constitucional deixa claro que qualquer ato de fiscalização e lançamento tributário estará sujeito ao controle de legalidade e ao exercício do direito de defesa contra atuações indevidas do fisco.

Para viabilizar o direito ao devido processo legal, a Constituição previu que todos os litigantes, tanto em processo judicial quanto administrativo, terão o direito ao contraditório e à ampla defesa, podendo fazer uso de todos os meios e recursos necessários à sua efetivação.

Assim, o direito fundamental ao devido processo legal encontra-se previsto no art. 5º, inciso LIV, da Constituição Federal. Tal princípio representa um conjunto de garantias constitucionais e destina-se a efetivar direitos fundamentais como o contraditório e a ampla defesa, pilares basilares do Estado Democrático de Direito.

Concernente ao princípio do direito fundamental ao contraditório e à ampla defesa, existe previsão no art. 5º, inciso LV, da Constituição Federal; trata-se da garantia processual e constitucional que assegura ao réu a ampla oportunidade de defesa.

Ademais, o Código de Processo Civil (CPC) – Lei n. 13.105, de 16 de março de 2015 (Brasil, 2015) – garante o contraditório e reconhece o verdadeiro direito de a parte influir nas decisões. Assim descreve o art. 7º do CPC:

> Art. 7º É assegurada às partes paridade de tratamento em relação ao exercício de direitos e faculdades processuais, aos meios de defesa, ao ônus, aos deveres e à aplicação de sanções processuais, competindo ao juiz zelar pelo efetivo contraditório. (Brasil, 2015)

Em seu art. 9º, prevê que não se proferirá decisão contra uma das partes sem que ela seja previamente ouvida.

Digno de nota é que, nesse momento, a Constituição deixa clara a existência de duas jurisdições – a administrativa e a judicial. Com isso, traz uma garantia constitucional e um direito fundamental aos contribuintes, permitindo um livre acesso ao Judiciário.

Vale destacar que uma jurisdição não exclui a outra. De acordo com o disposto no art. 5º, inciso XXXV, da Constituição Federal, "a lei não excluirá da apreciação do Poder Judiciário lesão ou ameaça a direito" (Brasil, 1988). Isso significa que, por mais que exista uma decisão no âmbito administrativo, ela sempre poderá ser levada para discussão no Poder Judiciário.

4.2 Processo administrativo fiscal

O processo administrativo fiscal, também conhecido como *processo administrativo tributário* ou *contencioso administrativo tributário*, inicia-se com a constituição do crédito tributário. É no momento da constituição que o contribuinte é comunicado do lançamento tributário, o Estado inicia o processo de cobrança do tributo e é dada a oportunidade ao contribuinte, como sujeito passivo, do direito ao exercício da ampla defesa e do contraditório.

De acordo com Ferreira (2006), o "Processo administrativo-tributário é o conjunto de atos necessários à solução, na instância administrativa, de questões relativas à aplicação ou interpretação da legislação tributária".

Em síntese, o objetivo do processo administrativo é regular a prática dos atos da administração, acertando a relação tributária.

As regras gerais do procedimento administrativo fiscal estão dispostas na Lei n. 9.784, de 29 de janeiro de 1999, que rege o processo administrativo como um todo no âmbito da Administração Pública federal. A referida lei é aplicada de forma subsidiária aos procedimentos fiscais.

Os processos de exigibilidade de crédito tributário, restituição, compensação, ressarcimento, entre outros no âmbito federal, estão dispostos no Decreto n. 70.235, de 6 de março de 1972 (Brasil, 1972). Além de dispor sobre os referidos procedimentos, o decreto ainda regulamenta o procedimento de apresentação de recurso junto às delegacias da Receita Federal e ao Conselho de Contribuintes.

No âmbito estadual, cada ente federativo é responsável pela edição de seus procedimentos fiscais; na hipótese de inexistência de regulamento estadual, aplicar-se-á subsidiariamente o Decreto n. 70.235/1972.

Vale destacar que o processo administrativo fiscal é dividido em duas fases.

A primeira fase consiste em uma etapa unilateral caracterizada pelo lançamento tributário (que pode ser direto ou de ofícios, declaração ou misto ou por homologação ou autolançamento). Como se pode facilmente concluir, é nessa fase que o Estado (sujeito ativo) comunica o contribuinte (sujeito passivo) sobre a constituição do crédito tributário.

Destaca-se que, no caso de fiscalização, a primeira etapa se inicia com a lavratura do termo de início de fiscalização, documento que promove a análise dos documentos dos contribuintes para verificar a observância das obrigações legais. Nesse ponto, uma vez iniciada a etapa da fiscalização, não é mais possível a denúncia espontânea, pois, de acordo com o disposto no art. 138, parágrafo único, do Código Tributário Nacional (CTN) – Lei n. 5.172, de 25 outubro de 1966 (Brasil, 1966b) –, não se considera espontânea a denúncia apresentada após o início de qualquer procedimento administrativo ou medida de fiscalização relacionada com a infração.

Já a segunda fase é a etapa contenciosa, que se inicia com a oposição do contribuinte (impugnação do auto de infração ou do lançamento). Quer dizer, é nela que surge a discussão sobre a legalidade da exigência formulada pelo Estado perante o contribuinte.

De acordo com o disposto em legislação federal, o prazo para apresentação de impugnação ou de manifestação de inconformidade é de 30 dias, contados da data da ciência da notificação de lançamento, do auto de infração ou do despacho decisório.

Salienta-se que os prazos serão contínuos, excluindo-se, na sua contagem, o dia de início e incluindo-se o dia do vencimento – conforme determina o art. 5º do Decreto n. 70.235/1972.

Uma vez apresentada a impugnação, a autoridade administrativa irá realizar um julgamento monocrático das questões trazidas pelo contribuinte. Caso o contribuinte não concorde com o julgamento monocrático, poderá apresentar recurso ao órgão julgador colegiado responsável.

É importante esclarecer que os julgamentos realizados no âmbito administrativo não impedem que o contribuinte procure a tutela do Poder Judiciário. Inclusive, durante o curso do processo administrativo, o prazo prescricional será suspenso até o julgamento.

Não obstante, caso a decisão administrativa seja contrária ao Estado, ou seja, reconheça as razões de insurgência do contribuinte, ela terá efeito vinculante à Fazenda, que não poderá submeter a referida decisão à revisão judicial e estará vinculada à sua execução. Além disso, uma vez não conhecida a insurgência do contribuinte, a constituição efetiva do crédito em dívida ativa ainda dependerá de ato do sujeito ativo, e não da instância julgadora, conforme explica Ricardo Lobo Torres (1999, p. 79):

> Com efeito, pelo lançamento, como já vimos, declara-se o nascimento da obrigação tributária e constitui-se o crédito respectivo, instrumentalizado no documento expedido pela autoridade administrativa. O contribuinte, notificado, pode impugnar o lançamento, em busca da verdade material e da integral obediência à lei tributária. Pelo processo administrativo assim instaurado, compete

à Administração Judicante: 1) anular o lançamento, se verificar a sua ilegalidade; b) ou rejeitar a impugnação do contribuinte, se tiver sido regular a exigência fiscal, com o que se tornará definitivo o lançamento. Anulado o lançamento por erro formal ou verificado a insuficiência do *quantum debeatur*, não poderá a instância julgadora constituir o crédito, ato que só a Administração ativa poderá praticar pelo lançamento.

Portanto, após finalizado o processo administrativo, a constituição do crédito líquido e certo só se dará com a inscrição em dívida ativa. Será a certidão de dívida ativa que se caracterizará como o título executivo que permitirá à Fazenda realizar a cobrança do crédito tributário.

4.3 Processo judicial tributário

Como visto anteriormente, o contribuinte pode se opor à atuação fiscal do Estado no âmbito do processo administrativo. Contudo, caso obtenha uma decisão desfavorável ou decida não se insurgir administrativamente, mas ainda queira discutir a exigibilidade do crédito tributário, ele poderá iniciar um processo judicial.

O processo judicial tributário é uma das formas de efetivação do direito fundamental ao devido processo legal, de modo que é o principal instrumento utilizado pelos contribuintes para garantir a legalidade nos atos do fisco.

Da mesma forma, o Estado pode utilizar o processo judicial para buscar a satisfação do crédito tributário por meio da execução fiscal.

Em síntese, o processo judicial tributário consiste em uma série de atos e termos processuais que ocorrem no âmbito do

Poder Judiciário e que asseguram às partes (Estado e contribuinte) o contraditório e a ampla defesa, que objetivam uma decisão definitiva acerca da matéria questionada. Nesse sentido, destacam-se os ensinamentos de Lopes (2012, p. 262): "o Processo Judicial é o conjunto de atos que se sucedem, coordenadamente, tendo por finalidade a obtenção de uma decisão judicial que componha o litígio".

No ordenamento jurídico brasileiro, são asseguradas ao contribuinte as seguintes ações:

I. **Ação declaratória de inexistência de relação jurídica**: Busca a declaração da existência ou inexistência de uma relação jurídica entre contribuinte e fisco. Basicamente, tal ação é utilizada para se discutir a inexigibilidade de um tributo – arts. 19 e 20 do CPC, sem previsão expressa no CTN.

II. **Ação anulatória**: Busca a anulação de um crédito constituído após o lançamento tributário – art. 38 da Lei n. 6.830, de 22 de setembro de 1980, com o art. 585, parágrafo 1º, do CPC, e o art. 151, II, do CTN.

III. **Mandado de segurança**: Utilizado para coibir um ato coator do Poder Público, rito mais célere que as demais ações – art. 5º, LXIX, da Constituição, bem como a Lei n. 12.016, de 7 de agosto de 2009.

IV. **Ação de repetição do indébito**: Busca a recuperação total ou parcial de valores pagos indevidamente ao fisco – art. 156 do CTN.

V. **Ação de consignação de pagamento**: Utilizada quando há dúvidas em relação à autoridade competente ou recusa do fisco em relação ao recebimento de tributos, multas ou obrigações acessórias – art., 164, I, II, III e parágrafo 2º, do CTN.

Como se pode observar, o ordenamento jurídico concede ao contribuinte o amparo necessário para assegurar que a atividade do poder estatal no âmbito da tributação seja exercida dentro da legalidade.

Qualquer atuação ilegal do fisco autoriza o contribuinte a buscar seu direito perante o Poder Judiciário.

É oportuno destacar que um processo judicial é composto por diversas fases. De acordo com o CPC, o processo judicial tem cinco grandes fases, são elas:

I. **Fase postulatória**: Etapa inicial, em que o autor irá realizar o seu pedido ao Poder Judiciário (por meio da petição inicial), o réu será citado e ouvido, bem como será realizada a audiência de conciliação.

II. **Fase ordinatória**: Tem início após a apresentação da defesa pelo réu (contestação) e consiste no momento em que o juiz irá realizar a primeira análise do processo, verificando eventuais irregularidades para determinar o seguimento.

III. **Fase instrutória**: É o momento em que as provas são produzidas. Nessa fase ocorrerá a audiência de instrução.

IV. **Fase decisória**: Ocorre a decisão sobre o mérito do processo, a prolação da sentença.

V. **Fase liquidatória**: Uma vez já decidido o mérito, será na fase de liquidação que irá se apurar o valor eventual devido para execução.

Digno de nota é o fato de que o funcionamento do Poder Judiciário se dá por meio de instâncias de julgamento. Tais instâncias são estruturadas para permitir o devido processo legal, o contraditório e a ampla defesa.

Em resumo, a primeira instância será o primeiro órgão responsável por conhecer e apreciar um processo; inclusive, é por conta disso que tal instância também é conhecida como *primeiro grau*, órgão de origem e Juízo *a quo*. É na primeira instância (denominada *vara*) que um juiz irá exercer a atividade judicante.

Caso as partes não se satisfaçam com a tutela jurisdicional de primeira instância, poderão recorrer para a segunda instância, conhecida ainda como *segundo grau* e *órgão colegiado*. Nessa instância, as decisões não são tomadas por um único juiz, mas por um órgão colegiado composto de desembargadores. Dependendo da matéria, há ações que já iniciam na segunda instância.

Basicamente, a segunda instância na matéria tributária é composta pelos tribunais regionais e estaduais. São os primeiros a analisar a matéria recursal e dar o pronunciamento, revisando ou não a sentença proferida pelo primeiro grau. A decisão proferida pelos tribunais leva o nome de *acórdão*.

As decisões proferidas pelos tribunais regionais ou estaduais, caso exista contrariedade a tratado ou lei federal, ou forem negadas vigência, for julgado válido ato de governo local contestado em face de lei federal e/ou a lei federal der interpretação divergente daquela atribuída por outro tribunal, bem como se contrariarem disposição constitucional, podem ser objeto de recurso ao Superior Tribunal de Justiça (STJ) e ao Supremo Tribunal Federal (STF) (tribunais superiores).

O STJ é composto de 33 ministros e, de acordo com a Constituição Federal, é a última instância do Poder Judiciário para discutir a aplicação da legislação infraconstitucional. Será o STJ que buscará a uniformização das decisões dos tribunais acerca da interpretação da aplicação da lei infraconstitucional.

Já o STF é composto por 11 ministros e sua atribuição é zelar pela aplicação das determinações constitucionais. O referido tribunal é o órgão competente por resolver litígios que envolvem direitos e garantias constitucionais, bem como por analisar a constitucionalidade de leis infraconstitucionais.

Portanto, o ordenamento jurídico brasileiro concede ao contribuinte o direto fundamental ao devido processo legal e garante a sua efetivação estruturando o Poder Judiciário em diversas instâncias, as quais asseguram a análise do litígio em consonância com as determinações constitucionais.

4.4 Modulação dos efeitos – controle de constitucionalidade

Um ponto que vale a pena destacar, mesmo que de forma sintética, diz respeito à modulação dos efeitos no controle de constitucionalidade exercido pelo STF.

Como visto anteriormente, o STF é responsável por assegurar a aplicação das determinações constitucionais, consequentemente, é sua competência definir se uma legislação infraconstitucional é constitucional ou não.

Digno de nota que o ordenamento jurídico pátrio concebe todo um mecanismo de controle de constitucionalidade das leis em prol da supremacia da Constituição, definida por Luis Roberto Barroso (2018, p. 166) da seguinte forma:

> O princípio não tem um conteúdo próprio: ele apenas impõe a prevalência da norma constitucional, qualquer que seja ela. É por força da supremacia da Constituição que o intérprete pode deixar de aplicar uma norma inconstitucional a um caso concreto que lhe caiba apreciar – controle incidental de constitucionalidade – ou o Supremo Tribunal Federal pode paralisar a eficácia, com caráter *erga omnes*, de uma norma incompatível com o sistema constitucional (controle principal ou por ação direta).

Como se pode observar, o controle de constitucionalidade permite uma estabilização no sistema jurídico, fazendo com que o ordenamento tenha uma única diretriz axiológica – a Constituição Federal.

Destaca-se que, para que seja viabilizado o pleno exercício de um Estado Democrático de Direito, é de suma importância que o ordenamento jurídico preveja formas de controle de constitucionalidade em observância ao pressuposto máximo de supremacia da Constituição.

Ademais, quando se fala de *controle de constitucionalidade*, pode-se deparar com duas formas de inconstitucionalidade. A primeira diz respeito à forma e consiste em leis elaboradas sem a observância dos procedimentos constitucionais.

Em resumo, a lei com inconstitucionalidade formal está em congruência com as diretrizes principiológicas da Constituição Federal, contudo, é incompatível com os procedimentos previstos que concedem eficácia e validade à norma. Um exemplo é o caso do diferencial de alíquota do Imposto sobre Circulação de Mercadorias e Serviços (ICMS), tema sobre o qual o STF já se manifestou no sentido de que, para que o contribuinte seja impelido a pagar a referida exação, seria necessária a elaboração de uma lei complementar que regulasse o tema.

Destacamos o julgado do STF a esse respeito:

ICMS – DIFERENCIAL DE ALÍQUOTA – EMENDA CONSTITUCIONAL Nº 87/2015 – ART. 155, § 2º, INCISOS VII e VIII, DA CONSTITUIÇÃO FEDERAL – REGULAMENTAÇÃO – LEI COMPLEMENTAR – RECURSO EXTRAORDINÁRIO – ADEQUAÇÃO – REPERCUSSÃO GERAL CONFIGURADA. Possui repercussão geral controvérsia sobre a necessidade de edição de lei complementar, visando a cobrança da Diferença de Alíquotas do ICMS–DIFAL, nas operações interestaduais envolvendo consumidores finais não contribuintes. (ARE 1237351 RG, Relator(a): MARCO AURÉLIO, Tribunal Pleno, julgado em 18/06/2020, PROCESSO ELETRÔNICO DJe-193 DIVULG 03-08-2020 PUBLIC 04-08-2020)

Partindo do julgado, concluímos que, como a lei complementar só foi editada em 2022, qualquer cobrança fora do período de vigência seria inconstitucional por ausência de observância do procedimento formal (edição de lei complementar).

Já a segunda forma de inconstitucionalidade é a material, em que a norma está em desacordo com a Constituição. Quer dizer, a lei é elaborada com um conteúdo que desvirtua o texto constitucional.

Um exemplo é a recente decisão do STF na Ação Direta de Inconstitucionalidade (ADI) n. 5422, que afastou a incidência do imposto de renda sobre pensão alimentícia:

> O Tribunal, por maioria, conheceu, em parte, da ação direta e, quanto à parte conhecida, julgou procedente o pedido formulado, de modo a dar ao art. 3º, § 1º, da Lei nº 7.713/88, ao arts. 4º e 46 do Anexo do Decreto nº 9.580/18 e aos arts. 3º, caput e § 1º; e 4º do Decreto-lei nº 1.301/73 interpretação conforme à Constituição Federal para se afastar a incidência do imposto de renda sobre valores decorrentes do direito de família percebidos pelos alimentados a título de alimentos ou de pensões alimentícias, nos termos do voto do Relator, vencidos parcialmente os Ministros Gilmar Mendes, Edson Fachin e Nunes Marques, que conheciam em parte da ação e, no mérito, julgavam-na parcialmente procedente, nos termos de seus votos. (Plenário, Sessão Virtual de 27.5.2022 a 3.6.2022)

Nota-se que o STF atuou no sentido de dar à legislação infraconstitucional a interpretação de acordo com a Constituição, impedindo a incidência do imposto citado sobre pensão alimentícia.

As referidas inconstitucionalidades são levadas à apreciação do STF por meio de procedimentos específicos, são eles:

I. ação direta de inconstitucionalidade (busca a declaração de uma inconstitucionalidade);
II. ação direta de inconstitucionalidade por omissão (busca a declaração de omissão legislativa na aplicação de determinações constitucionais);
III. ação declaratória de constitucionalidade (busca a declaração de constitucionalidade).

Ao final dos procedimentos, o Supremo se pronuncia acerca da constitucionalidade; essa decisão é irrecorrível e são admitidos apenas embargos declaratórios (recurso para sanar omissão, contradição ou obscuridade na decisão).

Nesse ponto, é importante destacar que a decisão poderá produzir efeitos *erga omnes* (atinge a todos), vinculantes (torna-se obrigatória vinculando todas as esferas do Poder Judiciário) e *ex tunc* (todos os efeitos produzidos pela norma se tornam nulos), nos termos do disposto na Constituição Federal e na Lei n. 9.868, de 10 de novembro de 1999, que trata do processo e do julgamento das ações pelo STF, *in verbis:*

> Art. 102 [...]
>
> § 2º As decisões definitivas de mérito, proferidas pelo Supremo Tribunal Federal, nas ações diretas de inconstitucionalidade e nas ações declaratórias de constitucionalidade produzirão eficácia contra todos e efeito vinculante, relativamente aos demais órgãos do Poder Judiciário

e à administração pública direta e indireta, nas esferas federal, estadual e municipal. (Brasil, 1988)

Art. 28. [...]

Parágrafo único. A declaração de constitucionalidade ou de inconstitucionalidade, inclusive a interpretação conforme a Constituição e a declaração parcial de inconstitucionalidade sem redução de texto, têm eficácia contra todos e efeito vinculante em relação aos órgãos do Poder Judiciário e à Administração Pública federal, estadual e municipal. (Brasil, 1999)

Tais dispositivos consolidam a regra geral de que as decisões serão vinculativas, aplicadas a todos e afetarão todos os efeitos do ato declarado inconstitucional.

Todavia, muitas vezes a repercussão de uma inconstitucionalidade causa um dano maior do que produção de seus efeitos (como inconstitucional). Assim, para fazer frente a tal situação, a Lei n. 9.868/1999 prevê a possibilidade de o STF estabelecer critérios para relativizar os efeitos temporais de um ato, permitindo que tais atos produzam efeitos por um determinado momento – é a chamada *modulação*. A referida previsão encontra-se no art. 27, *in verbis:*

Art. 27. Ao declarar a inconstitucionalidade de lei ou ato normativo, e tendo em vista razões de segurança jurídica ou de excepcional interesse social, poderá o Supremo Tribunal Federal, por maioria de dois terços de seus membros, restringir os efeitos daquela declaração ou decidir que ela só tenha eficácia a partir de seu trânsito em julgado ou de outro momento que venha a ser fixado. (Brasil, 1999)

Portanto, tal comando normativo relativiza os efeitos temporais da declaração de inconstitucionalidade da lei, tornando possível que os efeitos ocorram das seguintes formas:

I. **ex nunc** – os efeitos serão produzidos a partir da declaração de inconstitucionalidade;

II. **pro futuro** – o plenário do STF irá definir o momento em que a decisão surtirá efeitos;

III. **não definir efeitos** – caberá ao Poder Legislativo definir a produção dos efeitos.

Portanto, é permitido ao STF equilibrar os efeitos da nulidade com a estabilidade do sistema como um todo. Nesse sentido, destacamos o entendimento de Pandolfo (2012, p. 210):

> No caso do controle de constitucionalidade, a expulsão da norma questionada, do sistema prescritivo válido, corresponde ao efeito depurador do sistema (remédio). Ocorre que a aplicação do remédio não pode causar maiores prejuízos ao sistema do que a própria doença por ele extirpada, sob pena de transformá-lo em veneno. Nasce daí a necessidade de um instrumento calibrador (modulação), responsável pela mitigação dos efeitos colaterais nocivos causados ao ordenamento jurídico, que podem decorrer da declaração de inconstitucionalidade. Assim, a modulação é o instrumento que impede que, em determinados contextos, o remédio (declaração de inconstitucionalidade) se transforme em veneno.

No campo da tributação, a modulação encontra, muitas vezes, amparo em justificativas econômicas, em especial no prejuízo ao erário e, consequentemente, na violação ao interesse público.

Via de regra, quando a cobrança de um determinado tributo é tida como inconstitucional, a declaração de inconstitucionalidade teria o condão de anular todos os efeitos produzidos pelo ato. Por consequência, a Fazenda deveria restituir todo o valor auferido com a cobrança irregular devidamente corrigido. Isso porque o contribuinte teve sua capacidade contributiva alterada sem respaldo legal. Tanto é assim que a lei assegura ao contribuinte o direito de restituir qualquer valor pago irregularmente – a ação de repetição do indébito vista anteriormente.

Ou seja, como já exposto, o contribuinte tem o direito fundamental de ter restituído qualquer pagamento ilegal. No entanto, a restituição de um valor pago irregularmente ao fisco não se opera automaticamente; há a necessidade de solicitação administrativa ou judicial.

É nesse ponto que a modulação fará a maior diferença, afetando diretamente o direito do contribuinte à repetição do indébito. O STF pode optar por manter os efeitos da lei tributária inconstitucional, permitindo a cobrança do tributo por um tempo. Em algumas ocasiões, o Supremo ainda pode determinar que só aqueles contribuintes que entraram com ações judiciais poderão usufruir do direito à repetição.

Logo, no ordenamento jurídico brasileiro, apesar de existir mecanismos para controle de constitucionalidade e o contribuinte ter direito à repetição de indébito em caso de cobrança irregular, é permitido ao STF modular os efeitos e permitir cobranças irregulares por um determinado período ou assegurar o direito de repetição apenas para quem ingressou em juízo.

4.5 Questionamentos atuais no Superior Tribunal de Justiça (STJ)

Como visto anteriormente, o STJ é um órgão da instância recursal e será o responsável por verificar se há contrariedade a tratado ou lei federal, ou por negar-lhes vigência, ou por julgar válido ato de governo local contestado em face de lei federal e/ ou por dar à lei federal uma interpretação divergente daquela atribuída por outro tribunal.

Em matéria tributária, é uma instância muito utilizada quando há dúvidas sobre a regulamentação infraconstitucional de um tributo, bem como sobre os procedimentos judiciais.

Acerca dos recentes questionamentos ao STJ, destacam-se os mais relevantes a seguir.

4.5.1 Contribuições ao Sistema S (REsp n. 1.898.532/CE – tema 1079 do STJ)

O STJ deverá decidir sobre a limitação da base de cálculo das contribuições destinadas às entidades do Sistema S (Senai, Senac, Senar, Sescoop, Senat, Sesc, Sesi e Sest)*. Atualmente, a contribuição pode incidir em até 5,8% da folha de salários, contudo, a tese que será analisada busca a limitação para 20 salários mínimos mensais.

Vejamos a ementa da decisão do Egrégio Tribunal:

PROCESSUAL CIVIL. RECURSO ESPECIAL. CÓDIGO DE PROCESSO CIVIL DE 2015. APLICABILIDADE. PROPOSTA DE AFETAÇÃO COMO REPRESENTATIVO DA CONTROVÉRSIA. TRIBUTÁRIO. "CONTRIBUIÇÕES PARAFISCAIS". BASE DE CÁLCULO. APURAÇÃO. APLICAÇÃO DO TETO DE 20 (VINTE) SALÁRIOS MÍNIMOS. LEI N. 6.950/1981

---

* Senai – Serviço Nacional de Aprendizagem Industrial; Senac – Serviço Nacional de Aprendizagem Comercial; Senar – Serviço Nacional de Aprendizagem Rural; Sescoop – Serviço Nacional de Aprendizagem do Cooperativismo; Senat – Serviço Nacional de Aprendizagem do Transporte; Sesc – Serviço Social do Comércio; Sesi – Serviço Social da Indústria; Sest – Serviço Social do Transporte.

E DECRETO-LEI N. 2.318/1986. 1. Delimitação da questão de direito controvertida: definir se o limite de 20 (vinte) salários mínimos é aplicável à apuração da base de cálculo de "contribuições parafiscais arrecadadas por conta de terceiros", nos termos do art. 4º da Lei n. 6.950/1981, com as alterações promovidas em seu texto pelos arts. 1º e 3º do Decreto-Lei n. 2.318/1986. 2. Recurso especial submetido à sistemática dos recursos repetitivos, em afetação conjunta com o REsp n. 1.905.870/PE. (STJ - ProAfR no REsp: 1898532 CE 2020/0253991-6, Relator: Ministra REGINA HELENA COSTA, Data de Julgamento: 15/12/2020, S1 – PRIMEIRA SEÇÃO, Data de Publicação: DJe 18/12/2020)

A discussão tem como principal cerne a aplicação do art. 4º da Lei n. 6.950, de 4 de novembro de 1981, que assim estabelece:

> Art 4º O limite máximo do salário-de-contribuição, previsto no art. 5º da Lei nº 6.332, de 18 de maio de 1976, é fixado em valor correspondente a 20 (vinte) vezes o maior salário mínimo vigente no País.
>
> Parágrafo único – O limite a que se refere o presente art. aplica-se às contribuições parafiscais arrecadadas por conta de terceiros. (Brasil, 1981)

Atualmente a referida contribuição tem incidido sobre a folha de pagamento sem quaisquer limitações. O reconhecimento da limitação do teto de 20 salários mínimos irá afetar significativamente os contribuintes.

4.5.2 Exclusão do ICMS/ST da base de cálculo do PIS e da Cofins (contribuinte substituído) – (REsp n. 1.958.265/SP – tema 1125 do STJ)

Esse tema diz respeito à possibilidade de exclusão do valor referente ao ICMS no caso de substituição tributária da base de cálculo do Programa de Integração Social (PIS) e da Contribuição para o Financiamento da Seguridade Social (Cofins) e seus efeitos perante o contribuinte substituído. Destaca-se a ementa:

> TRIBUTÁRIO. RECURSO ESPECIAL REPRESENTATIVO DA CONTROVÉRSIA. PIS. COFINS. BASE DE CÁLCULO. ICMS-ST. SUBSTITUIÇÃO TRIBUTÁRIA PROGRESSIVA. EXCLUSÃO. (IM)POSSIBILIDADE.
>
> 1. A questão submetida ao Superior Tribunal de Justiça refere-se à possibilidade de o contribuinte substituído, no regime de substituição tributária progressiva do Imposto sobre Circulação de Mercadoria e Serviços (ICMS-ST), excluir da base de cálculo da Contribuição ao Programa de Integração Social (PIS) e da Contribuição para o Financiamento da Seguridade Social (COFINS) a parcela correspondente ao tributo estadual recolhido antecipadamente pelo contribuinte substituto. 2. Tese controvertida: Possibilidade de exclusão do valor correspondente ao ICMS-ST da base de cálculo da Contribuição ao PIS e da COFINS devidas pelo contribuinte substituído. 3. Afetação do recurso especial como representativo da controvérsia repetitiva para que seja julgado na Primeira Seção. (STJ – ProAfR no REsp: 1896678 RS 2020/0246143-5, Relator: Ministro GURGEL DE FARIA, Sessão Virtual de 01/12/2021 a 07/12/2021)

Vale destacar que tal assunto foi levado à discussão após decisão do STF (RE 1.896.678/RS) que reconheceu que o

ICMS não poderia compor a base de cálculo para a incidência de PIS e Cofins.

4.5.3 Exclusão do TUST e TUSD na base de cálculo do ICMS (REsp n. 1.163.020/RS – Tema 986 do STJ)

Há certo tempo, alguns consumidores, notadamente os que pagam contas relevantes, começaram a questionar que o Estado tem exigido a incidência do ICMS sobre os valores pagos pela Tarifa de Uso do Sistema de Transmissão (Tust) e pela Tarifa de Uso do Sistema de Distribuição (Tusd). Assim, o STJ deve se pronunciar sobre a legalidade de tal cobrança. Segue a ementa:

> RECURSOS ESPECIAIS REPRESENTATIVOS DE CONTROVÉRSIA. RITO DOS ARTIGOS 1.036 E SEGUINTES DO CPC/2015. RESP 1.699.851/TO, RESP 1.692.023/MT E ERESP 1.163.020/RS. ADMISSÃO. 1. Admitida a afetação da seguinte questão controvertida: "inclusão da Tarifa de Uso do Sistema Transmissão de Energia Elétrica (TUST) e da Tarifa de Uso do Sistema de Distribuição de Energia Elétrica (TUSD) na base de cálculo do ICMS". 2. Autorização do colegiado ao Relator para selecionar outros recursos que satisfaçam os requisitos para representarem a controvérsia. 3. Recursos submetidos ao regime dos arts. 1.036 e seguintes do CPC/2015. (STJ – ProAfR no REsp: 1163020 RS 2009/0205525-4, Relator: Ministro GURGEL DE FARIA, Data de Julgamento: 21/03/2017)

4.6 Questionamentos atuais no Supremo Tribunal Federal (STF)

No âmbito do STF, tramitam inúmeras discussões acerca da constitucionalidade de diversas exações. A seguir, destacam-se as discussões mais relevantes.

4.6.1 Exclusão do ICMS e do ISS da base de cálculo do PIS e da Cofins

A exclusão do ICMS e do Imposto sobre Serviços de Qualquer Natureza (ISS) da base de cálculo do PIS e da Cofins já foi objeto de análise por parte do STF.

O cerne da discussão gira em torno de definir o que era faturamento para fins de base de cálculo. De acordo com o julgado pelo Supremo, a despesa não pode integrar o faturamento.

Com efeito, o ICMS e o ISS não se caracterizam no conceito de faturamento do contribuinte, até porque, nesse caso, em relação a tais tributos, o contribuinte atua como um intermediário entre os contribuintes de fato (consumidores finais) e os entes tributantes estaduais (ICMS) e municipais (ISS).

Para melhor compreensão, cita-se a ementa do julgamento referente ao ICMS:

> RECURSO EXTRAORDINÁRIO COM REPERCUS-
> SÃO GERAL. EXCLUSÃO DO ICMS NA BASE DE
> CÁLCULO DO PIS E COFINS. DEFINIÇÃO DE FA-
> TURAMENTO. APURAÇÃO ESCRITURAL DO ICMS
> E REGIME DE NÃO CUMULATIVIDADE. RECUR-
> SO PROVIDO.
> 1. Inviável a apuração do ICMS tomando-se cada mercadoria ou serviço e a correspondente cadeia, adota-se o sistema de apuração contábil. O montante de ICMS a

recolher é apurado mês a mês, considerando-se o total de créditos decorrentes de aquisições e o total de débitos gerados nas saídas de mercadorias ou serviços: análise contábil ou escritural do ICMS.

2. A análise jurídica do princípio da não cumulatividade aplicado ao ICMS há de atentar ao disposto no art. 155, § 2º, inc. I, da Constituição da República, cumprindo-se o princípio da não cumulatividade a cada operação.

3. O regime da não cumulatividade impõe concluir, conquanto se tenha a escrituração da parcela ainda a se compensar do ICMS, não se incluir todo ele na definição de faturamento aproveitado por este Supremo Tribunal Federal. O ICMS não compõe a base de cálculo para incidência do PIS e da COFINS. 3. Se o art. 3º, § 2º, inc. I, in fine, da Lei n. 9.718/1998 excluiu da base de cálculo daquelas contribuições sociais o ICMS transferido integralmente para os Estados, deve ser enfatizado que não há como se excluir a transferência parcial decorrente do regime de não cumulatividade em determinado momento da dinâmica das operações.

4. Recurso provido para excluir o ICMS da base de cálculo da contribuição ao PIS e da COFINS. (RE 574706, Relator(a): CÁRMEN LÚCIA, Tribunal Pleno, julgado em 15/03/2017, ACÓRDÃO ELETRÔNICO REPERCUSSÃO GERAL – MÉRITO DJe-223 DIVULG 29-09-2017 PUBLIC 02-10-2017)

Como se pode observar, o STF consolidou seu entendimento do conceito de faturamento, determinando a exclusão do ICMS da base de cálculo do PIS e da Cofins. Essa decisão abriu precedente para a discussão do ISS, até porque a caracterização do conceito de faturamento automaticamente repercute nessa exação. Contudo, o julgamento em relação ao ISS está suspenso.

Não obstante, ao reconhecer a repercussão geral, o Egrégio Supremo Tribunal já deu indicativos da utilização do conceito de faturamento. Segue a ementa:

DIREITO TRIBUTÁRIO. ISS. INCLUSÃO NA BASE DE CÁLCULO DA CONTRIBUIÇÃO AO PIS E DA COFINS. CONCEITO DE FATURAMENTO. EXISTÊNCIA DE REPERCUSSÃO GERAL. (RE 592616 RG, Relator(a): MENEZES DIREITO, Tribunal Pleno, julgado em 09/10/2008, DJe-202 DIVULG 23-10-2008 PUBLIC 24-10-2008 EMENT VOL-02338-11 PP-02120)

Salienta-se que diversos tribunais pátrios já estão aplicando para o ISS o conceito de faturamento utilizado pelo Supremo no julgamento do ICMS. Destacam-se

TRIBUTÁRIO. MANDADO DE SEGURANÇA. EXCLUSÃO DO ISS DA BASE DE CÁLCULO DO PIS E DA COFINS. APLICAÇÃO DO ENTENDIMENTO FIRMADO PELO STF NO RE 574.706 (TEMA 69/STF). MODULAÇÃO DOS EFEITOS AFASTADA. COMPENSAÇÃO. Embora reconhecida a repercussão geral no debate acerca da exclusão do ISS das bases de cálculo do PIS e da COFINS (RE 592.616 – Tema 118/STF), não foi determinada a suspensão do julgamento dos processos que versem sobre o tema. O C. Supremo Tribunal Federal, no RE 574706 – Tema 069, submetido à sistemática prevista no art. 543-B do CPC/73, art. 1036 do CPC/15, firmou a tese no sentido de que: O ICMS não compõe a base de cálculo para a incidência do PIS e da COFINS. Por identidade de razões, esse entendimento deve ser estendido ao ISS. A orientação firmada pelo STF aplica-se tanto ao regime cumulativo, previsto na Lei 9.718/98, quanto ao não cumulativo do PIS/COFINS, instituído pelas Leis 10.637/02 e 10.833/03. A alteração promovida pela Lei nº 12.973/14 no art. 3º da Lei nº 9.718/98, identificando o conceito de faturamento com aquele previsto no art. 12 do Decreto-Lei nº 1.598/77 para a receita bruta – o resultado da venda de bens e serviços e de demais operações relativas ao objeto social do contribuinte – em nada altera a conclusão alcançada pelo STF, permanecendo incólume a incidência do PIS/COFINS sobre a receita operacional, nos termos então dispostos pela Lei nº 9.718/98 antes da novidade legislativa. Incabível a modulação dos efeitos nos termos estabelecidos pelo julgamento dos embargos de declaração opostos no RE 574.706. A modulação no Tema 69/STF teve como base a data do julgamento do RE 574.706, que versa exclusivamente sobre o ICMS. A aplicação desse limite temporal exige a identidade material entre o presente caso e a tese de repercussão geral. Ainda que as questões relativas ao ISS versem sobre a mesma tese aplicada ao ICMS, pende a apreciação do RE 592.616. A data do reconhecimento da repercussão geral no RE 592.616 remonta à 09/10/2008, não havendo ainda decisão definitiva. Logo, necessário aguardar o pronunciamento do STF acerca de eventual modulação dos efeitos e de qual marco temporal será adotado naquele recurso extraordinário. O entendimento do C. STJ, no julgamento do ERESP 116.183/SP, 1ª Seção, Min. Adhemar Maciel, DJ de 27.04.1998, é no sentido de que: No que se refere a mandado de segurança sobre compensação tributária, a extensão do âmbito probatório está intimamente relacionada com os limites da pretensão nele deduzida. Tratando-se de impetração que se limita, com base na súmula 213/STJ, a ver reconhecido o direito de compensar (que tem como pressuposto um ato da autoridade de negar a compensabilidade), mas sem fazer juízo específico sobre os elementos concretos da própria compensação, a prova exigida é a da "condição de credora tributária", também perfilhado por esta E. Sexta Turma, nos termos do acórdão proferido na AMS 0000922-62.2017.4.03.6002, de voto vencedor do Des. Federal Johonsom di Salvo, j. 19/04/2018; DJ 14/05/2018. No caso em espécie, a condição de credora tributária exsurge do objeto social da apelada-impetrante, consistente em atividades do ramo de serviços. O contribuinte faz jus à compensação administrativa, observada a prescrição quinquenal, após o trânsito em julgado da ação (art. 170-A do CTN), com atualização dos valores mediante aplicação da taxa Selic (art. 39, § 4º, da Lei 9.250/1995) e observância do disposto no art. 74 da Lei 9.430/1996 e demais dispositivos vigentes na data da propositura da ação. É ressalvado ao contribuinte o direito de proceder a essa compensação em conformidade com as normas posteriores, desde que atendidos os requisitos próprios (REsp 1.137.738/SP – Tema 265 dos recursos repetitivos). A análise e exigência da documentação necessária para apuração do valor do ISS e a sua correta exclusão, bem como os critérios para a efetivação da compensação cabem ao Fisco, nos termos da legislação de regência, observando-se a revogação do parágrafo único do art. 26 da Lei 11.457/2007, pelo art. 8º da Lei 13.670 de 30 de maio de 2018, que também incluiu o art. 26-A da Lei 11.457/2007, elucidando a aplicabilidade do disposto no art. 74 da Lei 9.430/96, com vedação da compensação com as contribuições previdenciárias nele mencionadas. Apelação da União e remessa oficial parcialmente providas. (TRF 3ª Região, 3ª Turma, ApelRemNec – APELAÇÃO/REMESSA NECESSÁRIA – 5009526-79.2021.4.03.6100, Rel. Desembargador Federal LUIS CARLOS HIROKI MUTA, julgado em 29/04/2022, Intimação via sistema DATA: 05/05/2022)

CONSTITUCIONAL, TRIBUTÁRIO E PROCESSUAL CIVIL. MANDADO DE SEGURANÇA. PIS E COFINS. BASES DE CÁLCULO. INCLUSÃO DO ISS. IMPOSSIBILIDADE. VALOR PASSÍVEL DE EXCLUSÃO. IMPORTÂNCIA DESTACADA NA NOTA FISCAL DE SAÍDA. PRESCRIÇÃO QUINQUENAL. COMPENSAÇÃO. LEGISLAÇÃO VIGENTE À ÉPOCA DO ENCONTRO DE DÉBITOS E CRÉDITOS. ATUALIZAÇÃO MONETÁRIA. MANUAL DE CÁLCULOS DA JUSTIÇA FEDERAL. APELAÇÃO NÃO PROVIDA. REMESSA OFICIAL PARCIALMENTE PROVIDA.

1. Válida a aplicação do prazo prescricional de 5 (cinco) anos da Lei Complementar 118/2005 às ações ajuizadas a partir de 09/06/2005 (RE 566.621/RS, STF, Tribunal Pleno, Rel. Min. Ellen Gracie, repercussão geral, maioria, DJe 11/10/2011).

2. O ISS, imposto dtrf4e competência dos Municípios e do Distrito Federal, tem como fato gerador a prestação de serviços constante da lista anexa à Lei Complementar 116/2003 e, assim como o ICMS, está embutido no preço dos serviços praticados, o que autoriza a aplicação do mesmo raciocínio adotado para a exclusão do ICMS da base de cálculo do PIS e da COFINS para fundamentar a exclusão do ISS das bases de cálculos das mencionadas exações.

3. O STF, sob a sistemática de repercussão geral, no julgamento do RE 574.706/PR, firmou o entendimento no sentido de que o valor arrecadado a título de ICMS não se incorpora ao patrimônio do contribuinte e, dessa forma, não pode integrar as bases de cálculo da contribuição para o PIS e da COFINS, que são destinadas ao financiamento da seguridade social.

4. No tocante ao ISS a ser excluído das bases de cálculo do PIS e da COFINS, registre-se que o entendimento

fixado pela Suprema Corte na Sessão Extraordinária de 13/05/2021, em exame de embargos de declaração no RE 574.706/PR, é no sentido de que o ICMS passível de exclusão das bases de cálculo do PIS e da COFINS é aquele incidente sobre a operação, ou seja, o destacado na nota fiscal de saída, e não o efetivamente recolhido pelo contribuinte.

5. A compensação deve ser realizada conforme a legislação vigente na data do encontro de contas e após o trânsito em julgado, tendo em vista o disposto no art. 170-A do CTN (REsp 1.164.452/MG, julgado na sistemática do art. 543-C do CPC/1973).

6. Atualização monetária do indébito nos termos do Manual de Cálculos da Justiça Federal. 7. Apelação não provida. Remessa oficial parcialmente provida. (AMS 1004958-22.2021.4.01.4200, JUIZ FEDERAL JOÃO CARLOS COSTA MAYER SOARES (CONV.), TRF1 – OITAVA TURMA, PJe 13/05/2022 PAG.)

Não obstante, ainda existem algumas decisões nos tribunais regionais federais no sentido de que não é possível a aplicação da decisão do ICMS no caso do ISS:

TRIBUTÁRIO. CONTRIBUIÇÃO PARA PIS E COFINS, BASE DE CÁLCULO. INCLUSÃO DO ISS. O ISS destacado nas notas fiscais emitidas pelo contribuinte compõe a base de cálculo das contribuições para PIS e COFINS de que é sujeito passivo tributário em nome próprio. Aplicação do tema 634 do Superior Tribunal de Justiça. Não se aplica a tese do tema 69 do Supremo Tribunal Federal; a não cumulatividade aplicável ao ICMS não se estende ao ISS. (TRF4, AC 5020350-83.2021.4.04.7001, PRIMEIRA TURMA, Relator MARCELO DE NARDI, juntado aos autos em 25/05/2022)

4.6.2 Abatimento de tributos na expedição de precatórios

Nesse tema, o STF irá analisar a constitucionalidade do art. 100, parágrafos 9º e 10, da Constituição (redação decorrente da Emenda Constitucional n. 62, de 9 de dezembro de 2009), que permite a compensação automática de tributos devidos pelo beneficiário de precatórios no momento da sua expedição.

Vejamos a descrição do Tema 558, que trata do assunto, realizada pelo STF:

> Título: Compensação de precatórios com débitos líquidos e certos, inscritos ou não em dívida ativa e constituídos contra o credor original pela Fazenda Pública devedora.
>
> Descrição: Recurso extraordinário em que se discute a constitucionalidade, ou não, dos §§ 9º e 10 do art. 100 da Constituição Federal (incluídos pela EC 62/2009), que instituíram a compensação de precatórios com débitos líquidos e certos, inscritos ou não em dívida ativa e constituídos contra o credor original pela Fazenda Pública devedora. (Processo Paradigma: RE-678360 – RS, Data da Repercussão geral: 22/06/2012. Publicado em: 06/06/2013)

De acordo com os dispositivos constitucionais analisados, a compensação independe de regulamentação, de modo que, já no momento da expedição, os valores são abatidos.

A inconstitucionalidade decorreria do fato de que o abatimento automático não respeitaria o devido processo legal de constituição de um crédito tributário, situação essa que prejudicaria o contribuinte.

4.6.3 Contribuição de Intervenção do Domínio Econômico (Cide) sobre remessas ao exterior a título de *royalties* e remuneração de serviços técnicos, assistência administrativa e semelhantes

Ainda se destaca como relevante a discussão do tema acerca da Cide. Nesse tema, o STF está analisando a constitucionalidade da cobrança da referida contribuição, instituída pela Lei n. 10.168, de 29 de dezembro de 2000, e posteriormente alterada pela Lei n. 10.332, de 19 de dezembro de 2001.

A tese de inconstitucionalidade se pauta na justificativa de que a finalidade da Cide, de acordo com a regra prevista no texto constitucional, é estimular a tecnologia e a inovação. Nesse contexto, a incidência da Cide sobre remessas ao exterior a título de *royalties* e remuneração de serviços técnicos, assistência administrativa e semelhantes não observou o procedimento formal de criação (ou seja, edição de lei complementar), bem como não indicou o setor econômico de intervenção estatal. Consequentemente, todo contribuinte que efetua remessa ao exterior, independentemente da transferência de tecnologia, acaba sofrendo com a incidência da contribuição.

Para saber mais

STF – SUPREMO TRIBUNAL FEDERAL. **Revista Trimestral de Jurisprudência**, Brasília, v. 1, n. 1, abr./jun. 1957. Disponível em: <https://www.stf.jus.br/arquivo/cms/publicacaoRTJ/anexo/239_1.pdf>. Acesso em: 16 jan. 2023.

Coletânea elaborada pelo STF que discute os principais temas abordados pela Corte Superior. Permite ao leitor se situar nas atuais discussões que tramitam no STF.

STJ – SUPREMO TRIBUNAL DE JUSTIÇA. **Revista de Recursos Repetitivos do STJ**, v. 1, n. 1, 2018. Disponível em: <https://www.stj.jus.br/publicacaoinstitucional/index.php/Revrecrep/issue/view/409/showToc>. Acesso em: 16 jan. 2023. Coletânea elaborada pelo STJ a respeito dos principais temas que foram objeto de análise. Permite ao leitor se situar nas atuais discussões que tramitam no STJ.

Síntese

Neste quarto e último capítulo, abordamos o funcionamento dos processos administrativos e judiciais para discussão de inconsistências relativas à atuação do fisco na tributação.

Assim, inicialmente tratamos dos procedimentos, tanto administrativos quanto judiciais, pontuando quais seriam as garantias do contribuinte. Também foi abordada a sistemática de funcionamento do Poder Judiciário.

Na sequência, realizamos um apanhado acerca do controle de constitucionalidade realizado pelo STJ e pelo STF e seus efeitos quanto à declaração de inconstitucionalidade, em especial, como os contribuintes podem exercer seu direito à repetição do indébito.

Ao final, vimos alguns questionamentos que tramitam nos tribunais superiores, ocasião em que foram abordados os principais pontos de divergência, a fim de permitir um melhor entendimento do processo de verificação da interpretação e da aplicação da norma tributária e seus efeitos perante os contribuintes.

Questões para revisão

1) (FGV/OAB – EXAME XXVI, 2018) João, empresário, inconformado com a notificação de que a Administração Pública Fazendária teria acesso às informações de sua movimentação bancária para instruir processo administrativo fiscal, decidiu procurar o Escritório Alfa de advocacia para uma consulta a respeito do caso. João busca saber se a medida configura quebra de sigilo fiscal e se o procedimento da Administração pública está correto.

Com base na hipótese apresentada, assinale a opção que indica a orientação a ser dada pelo Escritório Alfa, considerando a jurisprudência do Supremo Tribunal Federal (STF) acerca do acesso a dados bancários sigilosos pela Administração Pública Fazendária.

e. Não se trata de quebra de sigilo, mas de transferência de sigilo para finalidades de natureza eminentemente fiscal, pois a legislação aplicável garante a preservação da confidencialidade dos dados, vedado seu repasse a terceiros estranhos ao próprio Estado, sob pena de responsabilização dos agentes que eventualmente pratiquem essa infração.

f. A imediata notificação do contribuinte é mera liberalidade da Administração Fazendária, sendo ao contribuinte facultada, tão somente, a exação da decisão final da Administração Fazendária.

g. Tal uso de dados ofende o direito ao sigilo bancário, porque macula o princípio da igualdade e o princípio da capacidade contributiva.

h. É inconstitucional a quebra de sigilo, pois a legislação aplicável garante a preservação da confidencialidade dos dados, vedado seu repasse a terceiros, inclusive aos integrantes da Administração Pública Fazendária.

2) (FGV/OAB – EXAME XXVIII, 2019) O médico João da Silva está há 4 (quatro) anos sem pagar a anuidade cobrada pelo Conselho regional de Medicina (CRM). Diante desse cenário, o CRM poderá

   a. inscrever o débito em dívida ativa de natureza tributária, depois promovendo a competente ação de execução fiscal, regida pela Lei nº 6.830/1980, para cobrança.
   b. promover a competente ação de execução fiscal regida pela Lei nº 6.830/1980, sem necessidade de inscrição em dívida ativa, por serem as certidões de inadimplemento de anuidades expedidas pelos conselhos profissionais dotadas de natureza de título executivo extrajudicial.
   c. promover a competente ação de cobrança das anuidades, regida pelo Código de Processo Civil, a partir da comprovação do não pagamento das anuidades em atraso.
   d. promover a competente ação de execução das anuidades, regida pelo Código de Processo Civil, por serem as certidões de inadimplemento de anuidades expedidas pelos conselhos profissionais dotadas de natureza de título executivo extrajudicial.

3) (FGV/OAB – EXAME XXIV, 2017) A pessoa jurídica A declarou débitos de imposto sobre a Renda (IRPJ) que, no entanto, deixaram de ser quitados. Diante do inadimplemento da contribuinte, a União promoveu o protesto da Certidão de Dívida Ativa (CDA) decorrente da regular constituição definitiva do crédito tributário inadimplido.

Com base em tais informações, no que tange à possibilidade de questionamento por parte da contribuinte em relação ao protesto realizado pela União, assinale a afirmativa correta.

a. O protesto da CDA é indevido, uma vez que o crédito tributário somente pode ser cobrado por meio da execução fiscal.

b. O protesto da CDA é regular, por se tratar de instrumento extrajudicial de cobrança com expressa previsão legal.

c. O protesto da CDA é regular, por se tratar de instrumento judicial de cobrança com expressa previsão legal.

d. O protesto da CDA é indevido, por se tratar de sanção política sem previsão em lei.

4) (FGV/OAB – EXAME XVII, 2015) Após ser intimada da lavratura de um auto de infração visando à cobrança da Contribuição para o Financiamento da Seguridade Social (COFINS) dos últimos cinco anos, a pessoa jurídica XYZ Participações Ltda. verificou que o tributo não era devido e ofereceu impugnação ao auto de infração. Como irá participar de uma licitação, a pessoa jurídica em questão irá precisar de certidão de regularidade fiscal – no caso, Certidão Positiva com Efeito de Negativa (CPD-EN).

Na hipótese, considerando que o contribuinte não possui outros débitos, assinale a afirmativa correta.

a. A impugnação ao auto de infração exclui o crédito tributário, sendo possível a emissão da CPD-EN.

b. A impugnação ao auto de infração, sem o pagamento do crédito, impede a emissão da CPD-EN.

c. A pessoa jurídica XYZ Participações Ltda. somente terá o direito à CPD-EN caso realize o depósito do montante integral

d. A impugnação ao auto de infração suspende a exigibilidade do crédito, sendo possível a emissão da CPD-EN.

5) (FGV/OAB – EXAME XXXII, 2021) José está sendo executado por dívida tributária municipal não paga. Na Certidão de Dívida Ativa (CDA) que instrui a execução fiscal, constam o nome do devedor e seu domicílio; a quantia devida e a maneira de calcular os juros de mora; a origem e natureza do crédito, com menção do decreto municipal em que está fundado; e a data em que foi inscrito. José oferece embargos à execução, atacando a CDA, que reputa incorreta.

Diante desse cenário, José:

a. tem razão, pois cabe à Fazenda Pública o ônus da prova de que a CDA cumpre todos os requisitos obrigatoriamente exigidos por lei.

b. tem razão, pois a CDA deve mencionar dispositivo de lei em que o crédito tributário está fundado.

c. não tem razão, pois esta CDA goza de presunção *iuris et de iure* (absoluta) de certeza e liquidez.

d. não tem razão, pois esta CDA contém todos os requisitos obrigatoriamente exigidos por lei.

QUESTÕES PARA REFLEXÃO

Analise o auto de infração para responder às questões seguintes:

Figura 4.1 – Auto de infração

> **PREFEITURA DA CIDADE DO RIO DE JANEIRO**
> **SECRETARIA MUNICIPAL DE FAZENDA**
> **COORDENADORIA DO ISS E TAXAS**
>
> NOTIFICAÇÃO FISCAL – AUTO DE INFRAÇÃO
>
> Aos dezoito dias do mês de novembro do ano de 2009, às nove horas, quando me achava no exercício da fiscalização do Imposto Sobre Serviços, verifiquei ter o contribuinte acima infringido:
> I – o art. 44, observado o artigo 178, ambos da Lei 691/84. Código da infração: 1112333.
> Penalidade: art. 51, inc. I, item 2, alínea "C", da Lei 691/84;
>
> I – ter recolhido com insuficiência o ISS devido, no período descontínuo compreendido entre novembro de 2006 e julho de 2009, por erro na determinação da alíquota aplicável sobre os serviços de auditoria em instalações de clientes consumidores, análise orçamentária e comercial, administração e gestão patrimonial, elaboração de edital e gerenciamento de processo de licitação, apoio técnico à construção e montagem de plataforma de petróleo, avaliação patrimonial, gestão de decoração de interiores, previstos nos subitens 17.15,17.19,17.11,17.01, 28.01 e 7.11 da Lista de Serviços que acompanha o art. 8º da Lei 691/84 em sua nova redação dada pela Lei 3691/03, tributados à alíquota de 5%(cinco por cento) cf. art. 33,I da Lei 691/84 com as alterações da Lei 3.691/03 e recolhidos à alíquota de 3% (três por cento)...

Fonte: Adaptada de Prefeitura do Rio de Janeiro, 2023.

A empresa Engenheiros Ltda. atua no setor de engenharia prestando serviços de consultoria para acompanhamento e fiscalização da execução de obras – serviços enquadrados como engenharia consultiva nos termos do Decreto n. 10.514, de 8 de outubro de 1991.

Por conta das atividades que desenvolve, foi autuada pelo Município do Rio de Janeiro.

Nesse contexto, analise o auto de infração e responda aos seguintes questionamentos:

1) Quais são as infrações supostamente cometidas?
2) As infrações têm procedência? Qual seria o correto local de recolhimento? Apresente o fundamento legal.

considerações finais

Os tributos são elementos do sistema jurídico tributário, um subsistema do ordenamento jurídico composto por normas escalonadas que se relacionam por meio de uma ordem hierárquica, na qual a Constituição Federal representa o fundamento último de validade e existência das demais normas.

No texto constitucional, podemos encontrar todas as diretrizes para a instituição de um tributo, inclusive a prescrição exaustiva dos casos em que os entes políticos poderão exercer a tributação. Isso porque o sistema tributário brasileiro foi completamente moldado pelo legislador constituinte originário, que não possibilitou à lei ordinária criar coisa alguma ou introduzir variações em matéria tributária que não estivessem previstas no texto constitucional.

Podemos notar, portanto, que a atuação dos entes públicos na seara da tributação não é livre. A força tributante estatal precisa coadunar com o desenho e com os limites impostos pela

Constituição Federal, mediante a distribuição de competência e a previsão das imunidades e dos princípios.

A Constituição outorga aos entes políticos a prerrogativa de instituir abstratamente tributos por meio da descrição de sua regra-matriz de incidência; tal prerrogativa é denominada *competência tributária*. Nesse contexto, os princípios são diretrizes para o ordenamento jurídico, indicados no texto constitucional, que condicionam a atuação das demais normas, inclusive daquelas responsáveis por instituir tributos.

Assim, com o presente livro, buscamos demonstrar que a compreensão do direito tributário vai muito além da simples leitura do comando legal. O sistema jurídico tributário não se resume à lei posta, mas consubstancia um sistema de valores que busca garantir sua efetividade e finalidade, equilibrando princípios e buscando harmonia com a legislação infraconstitucional.

lista de siglas

BNDES	Banco Nacional de Desenvolvimento Econômico e Social
Cide	Contribuições de Intervenção no Domínio Econômico
Cofins	Contribuição para o Financiamento da Seguridade Social
CMV	Custo das mercadorias vendidas
CPC	Código de Processo Civil
CPV	Custo dos produtos vendidos
CSP	Custo de serviços prestados
CTN	Código Tributário Nacional
DRE	Demonstração do Resultado do Exercício
ICMS	Imposto sobre Circulação de Mercadorias e Serviços
IE	Imposto de Exportação
IGF	Imposto sobre Grandes Fortunas
II	Imposto de Importação
INSS	Instituto Nacional do Seguro Social
IOF	Imposto sobre Operações Financeiras
IPI	Imposto sobre Produtos Industrializados

IPTU	Imposto sobre a Propriedade Predial e Territorial Urbana
IPVA	Imposto sobre a Propriedade de Veículos Automotores
IR	Imposto sobre a Renda e Proventos de Qualquer Natureza
IRPF	Imposto de Renda de Pessoa Física
ISS	Imposto sobre Serviços de Qualquer Natureza
ITBI	Imposto sobre Transmissão de Bens Imóveis
ITCMD	Imposto sobre Transmissão Causa Mortis e Doação
ITR	Imposto sobre a Propriedade Territorial Rural
Pasep	Programa de Formação do Patrimônio do Servidor Público
PIS	Programa de Integração Social
STF	Supremo Tribunal Federal
STJ	Superior Tribunal de Justiça
Tusd	Tarifa de Uso do Sistema de Distribuição
Tust	Tarifa de Uso do Sistema de Transmissão

ATALIBA, G. **Sistema constitucional tributário brasileiro**. São Paulo: Revista dos Tribunais, 1966.

ATALIBA, G.; BARRETO, A. F. Substituição e responsabilidade tributária. **Revista de Direito Tributário, São Paulo**, n. 49, p. 73-96, jul./set. 1989.

BALEEIRO, A. **Uma introdução à ciência das finanças**. 8. ed. Rio de Janeiro: Forense, 1972.

BARROSO, L. R. **O novo direito constitucional brasileiro**: contribuições para a construção teórica e prática da jurisdição constitucional no Brasil. Belo Horizonte: Fórum Conhecimento Jurídico, 2018.

BASTOS, C. R. **Curso de direito financeiro e de direito tributário**. 8. ed. São Paulo: Saraiva, 2001.

BOLAN, R. F. **Regimes especiais**: IPI e ICMS. São Paulo: Quartier Latin, 2004.

BORGES, J. C.; REIS, M. L. A. dos. **ICMS ao alcance de todos**: parte geral. 5. ed. Rio de Janeiro: Maria Augusta Delgado, 2015.

BRASIL. Constituição (1988). **Diário Oficial da União**, Brasília, DF, 5 out. 1988. Disponível em: <https://www.planalto.gov.br/ccivil_03/constituicao/constituicao.htm>. Acesso em: 6 jan. 2023.

BRASIL. Decreto n. 9.580, de 22 de novembro de 2018. **Diário Oficial da União**, Poder Executivo, Brasília, DF, 23 nov. 2018. Disponível em: <https://www.planalto.gov.br/ccivil_03/_ato2015-2018/2018/decreto/d9580.htm>. Acesso em: 10 jan. 2023.

BRASIL. Decreto n. 70.235, de 6 de março de 1972. **Diário Oficial da União**, Poder Executivo, Brasília, DF, 7 mar. 1972. Disponível em: <https://www.planalto.gov.br/ccivil_03/decreto/d70235cons.htm>. Acesso em: 10 jan. 2023.

BRASIL. Decreto-Lei n. 57, de 18 de novembro de 1966. **Diário Oficial da União**, Brasília, DF, 21 nov. 1966a. Disponível em: <https://www.planalto.gov.br/ccivil_03/decreto-lei/del0057.htm>. Acesso em: 10 jan. 2023.

BRASIL. Emenda Constitucional n. 29, de 13 de setembro de 2000. **Diário Oficial da União**, Brasília, DF, 14 set. 2000. Disponível em: <https://www.planalto.gov.br/ccivil_03/constituicao/emendas/emc/emc29.htm>. Acesso em: 10 jan. 2023.

BRASIL. Lei Complementar n. 7, de 7 de setembro de 1970. **Diário Oficial da União**, Poder Legislativo, Brasília, DF, 8 set. 1970. Disponível em: <https://www.planalto.gov.br/ccivil_03/leis/lcp/lcp07.htm>. Acesso em: 10 jan. 2023.

BRASIL. Lei Complementar n. 70, de 30 de dezembro de 1991. **Diário Oficial da União**, Poder Legislativo, Brasília, DF, 31 dez. 1991. Disponível em: <https://www.planalto.gov.br/ccivil_03/leis/lcp/lcp70.htm>. Acesso em: 10 jan. 2023.

BRASIL. Lei Complementar n. 116, de 31 de julho de 2003. **Diário Oficial da União**, Poder Legislativo, Brasília, DF, 1º ago. 2003a. Disponível em: <http://www.planalto.gov.br/ccivil_03/leis/lcp/lcp116.htm>. Acesso em: 9 jan. 2023.

BRASIL. Lei Complementar n. 118, de 9 de fevereiro de 2005. **Diário Oficial da União**, Poder Legislativo, Brasília, DF, 9 fev. 2005. Disponível em: <https://www.planalto.gov.br/ccivil_03/leis/lcp/Lcp118.htm>. Acesso em: 9 jan. 2023.

BRASIL. Lei n. 5.172, de 25 de outubro de 1966. **Diário Oficial da União**, Poder Legislativo, Brasília, DF, 27 out. 1966b. Disponível em: <https://www.planalto.gov.br/ccivil_03/leis/l5172compilado.htm>. Acesso em: 4 jan. 2023.

BRASIL. Lei n. 6.404, de 15 de dezembro de 1976. **Diário Oficial da União**, Poder Legislativo, Brasília, DF, 17 dez. 1976. Disponível em: <https://www.planalto.gov.br/ccivil_03/leis/l6404compilada.htm>. Acesso em: 6 jan. 2023.

BRASIL. Lei n. 6.950, de 4 de novembro de 1981. **Diário Oficial da União**, Poder Legislativo, Brasília, DF, 6 nov. 1981. Disponível em: <https://www.planalto.gov.br/ccivil_03/leis/l6950.htm>. Acesso em: 6 jan. 2023.

BRASIL. Lei n. 8.009, de 29 de março de 1990. **Diário Oficial da União**, Poder Legislativo, Brasília, DF, 30 mar. 1990. Disponível em: <https://www.planalto.gov.br/ccivil_03/leis/l8009.htm>. Acesso em: 9 jan. 2023.

BRASIL. Lei n. 9.718, de 27 de novembro de 1998. **Diário Oficial da União**, Poder Legislativo, Brasília, DF, 28 nov. 1998. Disponível em: <https://www.planalto.gov.br/ccivil_03/leis/l9718compilada.htm>. Acesso em: 10 jan. 2023.

BRASIL. Lei n. 9.868, de 10 de novembro de 1999. **Diário Oficial da União**, Poder Legislativo, Brasília, DF, 11 nov. 1999. Disponível em: <https://www.planalto.gov.br/ccivil_03/leis/l9868.htm>. Acesso em: 6 jan. 2023.

BRASIL. Lei n. 10.833, de 29 de dezembro de 2003. **Diário Oficial da União**, Poder Legislativo, Brasília, DF, 30 dez. 2003b. Disponível em: <https://www.planalto.gov.br/ccivil_03/leis/2003/l10.833.htm>. Acesso em: 10 jan. 2023.

BRASIL. Lei n. 13.105, de 16 de março de 2015. **Diário Oficial da União**, Poder Legislativo, Brasília, DF, 17 mar. 2015. Disponível em: <https://www.planalto.gov.br/ccivil_03/_ato2015-2018/2015/lei/l13105.htm>. Acesso em: 10 jan. 2023.

CAROTA, J. C. **Manual de direito tributário e financeiro aplicado**. 3. ed. Rio de Janeiro: Freitas Bastos, 2020.

CARRAZZA, R. A. **Curso de direito constitucional tributário**. 22. ed. São Paulo: Malheiros, 2006.

CARRAZZA, R. A. **ICMS**. 12. ed. São Paulo: Malheiros, 2007.

CARVALHO, P. de B. **A regra matriz do ICM**. 437 f. Tese (Livre Docência em Direito) – Pontifícia Universidade Católica de São Paulo, São Paulo, 1981. Disponível em: <https://sapientia.pucsp.br/handle/handle/8025>. Acesso em: 20 abr. 2023.

CARVALHO, P. de B. **Curso de direito tributário**. 21. ed. São Paulo: Saraiva, 2009.

CAVALCANTI, T. B. **Teoria dos atos administrativos**. São Paulo: Revista dos Tribunais, 1973.

COÊLHO, S. C. N. **Curso de direito tributário brasileiro**. 8. ed. Rio de Janeiro: Forense, 2005.

FERREIRA, R. J. **Manual do ISS de São Paulo**. São Paulo: Ferreira, 2006.

GAIO JÚNIOR, A. P. **Instituições de direito processual civil**. 2. ed. Belo Horizonte: Del Rey, 2013.

GLASENAPP, R. B. (Org.). **Direito tributário**. São Paulo: Pearson Education do Brasil, 2016.

KELSEN, H. **Teoria pura do direito**. Tradução de João Baptista Machado. 6. ed. São Paulo: M. Fontes, 1998.

LOPES, M. L. R. **Processo judicial tributário**: execução fiscal e ações tributárias. 8. ed. Niterói: Impetus, 2012.

MACHADO, H. de B. **Aspectos fundamentais do ICMS**. 2. ed. São Paulo: Dialética, 1999.

MATTHES, R. A. **Manual de direito tributário**. 2. ed. São Paulo: Rideel, 2019.

MELLO, C. A. B. de. **Curso de direito administrativo**. 5. ed. São Paulo: Malheiros, 1994.

MELLO, C. de M. **Processo civil**: teoria geral do processo. Rio de Janeiro: Processo, 2021.

PANDOLFO, R. **Jurisdição constitucional tributária**: reflexos nos processos administrativo e judicial. São Paulo: Noeses, 2012.

PICHILIANI, M. C. **Manual de direito tributário**. São Paulo: Rideel, 2018.

PREFEITURA DA CIDADE DO RIO DE JANEIRO. **Notificação Fiscal – Auto de Infração**. Rio de Janeiro, 2023.

ROCHA, J. M. **Direito tributário**. 11. ed. São Paulo: Método, 2017.

ROCHA, J. M. **Manual de direito tributário**. 11. ed. Rio de Janeiro: Forense, 2018.

SABBAG, E. de M. **Manual de direito tributário**. 9. ed. São Paulo: Saraiva, 2015.

SÃO PAULO (MUNICÍPIO). Decreto n. 46.228, de 23 de agosto de 2005. **Diário Oficial**, São Paulo, 24 ago. 2005. Disponível em: <https://legislacao.prefeitura.sp.gov.br/leis/decreto-46228-de-23-de-agosto-de-2005/detalhe>. Acesso em: 16 jan. 2023.

SCHOUERI, L. E. **Direito tributário**. São Paulo: Saraiva, 2011.

SCHOUERI, L. E. **Normas tributárias indutoras e intervenção econômica**. Rio de Janeiro: Forense, 2005.

SENADO FEDERAL. Resolução n. 9, de 5 de maio de 1992. **Diário Oficial da União**, Brasília, DF, 6 maio 1992. Disponível em: <https://legis.senado.leg.br/norma/590017>. Acesso em: 16 jan. 2023.

SILVA, R. S. D'A. R. da. **Introdução ao direito constitucional tributário com ênfase à pessoa jurídica**. Curitiba: InterSaberes, 2013.

STF – Supremo Tribunal Federal. Súmula Vinculante n. 31. **Diário Oficial da União**, Brasília, DF, 17 fev. 2010. Disponível em: <https://jurisprudencia.stf.jus.br/pages/search/seq-sumula779/false>. Acesso em: 9 jan. 2023.

STJ – Supremo Tribunal de Justiça. Súmula n. 112. **Diário de Justiça**, 3 nov. 1994. Disponível em: <https://www.stj.jus.br/docs_internet/revista/eletronica/stj-revista-sumulas-2010_8_capSumula112.pdf>. Acesso em: 6 dez. 2022.

TEIXEIRA, A. M. B. **A tributação sobre o consumo de bens e serviços**. Belo Horizonte: Mandamentos, 2002.

TORRES, R. L. **Curso de direito financeiro e tributário**. 6. ed. Rio de Janeiro: Renovar, 1999.

VARSANO, R. **A evolução do sistema tributário brasileiro ao longo do século**: anotações e reflexões para futuras reformas. Texto para discussão n. 405. Rio de Janeiro: Ipea, 1996. Disponível em: <https://repositorio.ipea.gov.br/bitstream/11058/1839/1/td_0405.pdf>. Acesso em: 16 jan. 2023.

VIEIRA, J. R. **A regra-matriz de incidência do IPI**: texto e contexto. Curitiba: Juruá, 1993.

VILANOVA, L. **Causalidade e relação no direito**. 2. ed. São Paulo: Saraiva, 1989.

BALEEIRO, A. **Uma introdução à ciência das finanças**. 8. ed. Rio de Janeiro: Forense, 1972.
Apesar de ser um livro técnico, as exposições são muito didáticas e auxiliam na compreensão do direito financeiro. É um importante recurso para entender como se forma a base do raciocínio dessa área.

BASTOS, C. R. **Curso de direito financeiro e de direito tributário**. 8. ed. São Paulo: Saraiva, 2001.
Igualmente um livro de natureza técnica, com uma leitura um pouco mais complexa, contudo, essencial para entender a distinção entre o direito financeiro e o direito tributário e compreender o papel do direito tributário no sistema jurídico.

CAROTA, J. C. **Manual de direito tributário e financeiro aplicado**. 3. ed. Rio de Janeiro: Freitas Bastos, 2020.
Obra com uma linguagem muito clara, que auxilia na aplicação prática do direito tributário. Fundamental para verificar como os principais conceitos repercutem diante de situações práticas.

bibliografia comentada

PÊGAS, P. H. **Manual de contabilidade tributária**. 4. ed. Rio de Janeiro: Freitas Bastos, 2006.

O livro apresenta uma linguagem multiprofissional, tornando o direito tributário compreensível sob a perspectiva da contabilidade. Muitas vezes, a linguagem jurídica acaba dificultando a compreensão de diversos institutos tributários, e a visão de fora do direito acaba contribuindo para simplificar diversas temáticas.

SILVA, R. S. D'A. R. da. **Introdução ao direito constitucional tributário com ênfase à pessoa jurídica**. Curitiba: InterSaberes, 2013.

Excelente obra para entender o sistema jurídico como um todo e a construção do sistema tributário segundo as diretrizes constitucionais.

VIEIRA, J. R. **A regra-matriz de incidência do IPI**: texto e contexto. Curitiba: Juruá, 1993.

Um clássico que, apesar de apresentar uma linguagem jurídica e complexa, é essencial para a compreensão da regra-matriz de incidência de qualquer tributo.

Capítulo 1

Questões para revisão
1. d
2. d
3. a
4. a
5. d

Capítulo 2

Questões para revisão
1. d
2. d
3. c
4. a
5. d

Capítulo 3

Questões para revisão

1. c
2. b
3. a
4. a
5. a

Capítulo 4

Questões para revisão

1. a
2. a
3. b
4. d
5. b

BRASIL. Constituição (1988). **Diário Oficial da União**, Brasília, DF, 5 out. 1988. Disponível em: <https://www.planalto.gov.br/ccivil_03/constituicao/constituicao.htm>. Acesso em: 6 jan. 2023.

BRASIL. Decreto n. 7.212, de 15 de junho de 2010. Regulamenta a cobrança, fiscalização, arrecadação e administração do Imposto sobre Produtos Industrializados – IPI. **Diário Oficial da União**, Poder Executivo, Brasília, DF, 16 jun. 2010. Disponível em: <https://www.planalto.gov.br/ccivil_03/_ato2007-2010/2010/decreto/d7212.htm>. Acesso em: 11 jan. 2023.

BRASIL. Decreto n. 9.580, de 22 de novembro de 2018. Regulamenta a tributação, a fiscalização, a arrecadação e a administração do Imposto sobre a Renda e Proventos de Qualquer Natureza. **Diário Oficial da União**, Poder Executivo, Brasília, DF, 23 nov. 2018. Disponível em: <https://www.planalto.gov.br/ccivil_03/_ato2015-2018/2018/decreto/d9580.htm>. Acesso em: 10 jan. 2023.

BRASIL. Decreto n. 70.235, de 6 de março de 1972. Dispõe sobre o processo administrativo fiscal, e dá outras providências. **Diário Oficial da União**, Poder Executivo, Brasília, DF, 7 mar. 1972. Disponível em: <https://www.planalto.gov.br/ccivil_03/decreto/d70235cons.htm>. Acesso em: 10 jan. 2023.

BRASIL. Decreto-Lei n. 57, de 18 de novembro de 1966. Altera dispositivos sobre lançamento e cobrança do Imposto sobre a Propriedade Territorial Rural, institui normas sobre arrecadação da Dívida Ativa correspondente, e dá outras providências. **Diário Oficial da União**, Poder Executivo, Brasília, DF, 21 nov. 1966. Disponível em: <https://www.planalto.gov.br/ccivil_03/decreto-lei/del0057.htm>. Acesso em: 10 jan. 2023.

BRASIL. Emenda Constitucional n. 29, de 13 de setembro de 2000. Altera os arts. 34, 35, 156, 160, 167 e 198 da Constituição Federal e acrescenta artigo ao Ato das Disposições Constitucionais Transitórias, para assegurar os recursos mínimos para o financiamento das ações e serviços públicos de saúde. **Diário Oficial da União**, Brasília, DF, 14 set. 2000. Disponível em: <https://www.planalto.gov.br/ccivil_03/constituicao/emendas/emc/emc29.htm>. Acesso em: 10 jan. 2023.

BRASIL. Emenda Constitucional n. 62, de 9 de dezembro de 2009. Altera o art. 100 da Constituição Federal e acrescenta o art. 97 ao Ato das Disposições Constitucionais Transitórias, instituindo regime especial de pagamento de precatórios pelos Estados, Distrito Federal e Municípios. **Diário Oficial da União**, Brasília, DF, 10 dez. 2009. Disponível em: <https://www.planalto.gov.br/ccivil_03/constituicao/emendas/emc/emc62.htm>. Acesso em: 11 jan. 2023.

BRASIL. Lei Complementar n. 7, de 7 de setembro de 1970. Institui o Programa de Integração Social, e dá outras providências. **Diário Oficial da União**, Poder Legislativo, Brasília, DF, 8 set. 1970. Disponível em: <https://www.planalto.gov.br/ccivil_03/leis/lcp/lcp07.htm>. Acesso em: 10 jan. 2023.

BRASIL. Lei Complementar n. 70, de 30 de dezembro de 1991. Institui contribuição para financiamento da Seguridade Social, eleva a alíquota da contribuição social sobre o lucro das instituições financeiras e dá outras providências. **Diário Oficial da União**, Poder Legislativo, Brasília, DF, 31 dez. 1991. Disponível em: <https://www.planalto.gov.br/ccivil_03/leis/lcp/lcp70.htm>. Acesso em: 10 jan. 2023.

BRASIL. Lei Complementar n. 116, de 31 de julho de 2003. Dispõe sobre o Imposto Sobre Serviços de Qualquer Natureza, de competência dos Municípios e do Distrito Federal, e dá outras providências. **Diário Oficial da União**, Poder Legislativo, Brasília, DF, 1º ago. 2003. Disponível em: <https://www.planalto.gov.br/ccivil_03/leis/lcp/lcp116.htm>. Acesso em: 11 jan. 2023.

BRASIL. Lei Complementar n. 118, de 9 de fevereiro de 2005. Altera e acrescenta dispositivos à Lei n. 5.172, de 25 de outubro de 1966 – Código

Tributário Nacional, e dispõe sobre a interpretação do inciso I do art. 168 da mesma Lei. **Diário Oficial da União**, Poder Legislativo, Brasília, DF, 9 fev. 2005. Disponível em: <https://www.planalto.gov.br/ccivil_03/leis/lcp/Lcp118.htm>. Acesso em: 9 jan. 2023.

BRASIL. Lei n. 5.172, de 25 de outubro de 1966. Dispõe sobre o Sistema Tributário Nacional e institui normas gerais de direito tributário aplicáveis à União, Estados e Municípios. **Diário Oficial da União**, Poder Legislativo, Brasília, DF, 27 out. 1966. Disponível em: <https://www.planalto.gov.br/ccivil_03/leis/l5172compilado.htm>. Acesso em: 4 jan. 2023.

BRASIL. Lei n. 6.404, de 15 de dezembro de 1976. Dispõe sobre as Sociedades por Ações. **Diário Oficial da União**, Poder Legislativo, Brasília, DF, 17 dez. 1976. Disponível em: <https://www.planalto.gov.br/ccivil_03/leis/l6404compilada.htm>. Acesso em: 6 jan. 2023.

BRASIL. Lei n. 6.950, de 4 de novembro de 1981. Altera a Lei nº 3.807, de 26 de agosto de 1960, fixa novo limite máximo do salário-de-contribuição previsto na Lei nº 6.332, de 18 de maio de 1976, e dá outras providências. **Diário Oficial da União**, Poder Legislativo, Brasília, DF, 6 nov. 1981. Disponível em: <https://www.planalto.gov.br/ccivil_03/leis/l6950.htm>. Acesso em: 6 jan. 2023.

BRASIL. Lei n. 8.009, de 29 de março de 1990. Dispõe sobre a impenhorabilidade do bem de família. **Diário Oficial da União**, Poder Legislativo, Brasília, DF, 30 mar. 1990. Disponível em: <https://www.planalto.gov.br/ccivil_03/leis/l8009.htm>. Acesso em: 9 jan. 2023.

BRASIL. Lei n. 9.718, de 27 de novembro de 1998. Altera a Legislação Tributária Federal. **Diário Oficial da União**, Poder Legislativo, Brasília, DF, 28 nov. 1998. Disponível em: <https://www.planalto.gov.br/ccivil_03/leis/l9718compilada.htm>. Acesso em: 10 jan. 2023.

BRASIL. Lei n. 9.868, de 10 de novembro de 1999. Dispõe sobre o processo e julgamento da ação direta de inconstitucionalidade e da ação declaratória de constitucionalidade perante o Supremo Tribunal Federal. **Diário Oficial da União**, Poder Legislativo, Brasília, DF, 11 nov. 1999. Disponível em: <https://www.planalto.gov.br/ccivil_03/leis/l9868.htm>. Acesso em: 6 jan. 2023.

BRASIL. Lei n. 10.168, de 29 de dezembro de 2000. Institui contribuição de intervenção de domínio econômico destinada a financiar o Programa de Estímulo à Interação Universidade-Empresa para o Apoio à Inovação e dá outras providências. **Diário Oficial da União**, Poder Legislativo, Brasília, DF, 30 dez. 2000. Disponível em: <https://www.planalto.gov.br/ccivil_03/leis/l10168.htm>. Acesso em: 11 jan. 2023.

BRASIL. Lei n. 10.332, de 19 de dezembro de 2001. Institui mecanismo de financiamento para o Programa de Ciência e Tecnologia para o Agronegócio, para o Programa de Fomento à Pesquisa em Saúde, para o Programa Biotecnologia e Recursos Genéticos – Genoma, para o Programa de Ciência e Tecnologia para o Setor Aeronáutico e para o Programa de Inovação para Competitividade, e dá outras providências. **Diário Oficial da União**, Poder Legislativo, Brasília, DF, 20 dez. 2001. Disponível em: <https://www.planalto.gov.br/ccivil_03/leis/leis_2001/l10332.htm>. Acesso em: 11 jan. 2023.

BRASIL. Lei n. 10.833, de 29 de dezembro de 2003. Altera a Legislação Tributária Federal e dá outras providências. **Diário Oficial da União**, Poder Legislativo, Brasília, DF, 30 dez. 2003. Disponível em: <https://www.planalto.gov.br/ccivil_03/leis/2003/l10.833.htm>. Acesso em: 10 jan. 2023.

BRASIL. Lei n. 12.016, de 7 de agosto de 2009. Disciplina o mandado de segurança individual e coletivo e dá outras providências. **Diário Oficial da União**, Poder Legislativo, Brasília, DF, 10 ago. 2009. Disponível em: <https://www.planalto.gov.br/ccivil_03/_ato2007-2010/2009/lei/l12016.htm>. Acesso em: 11 jan. 2023.

DISTRITO FEDERAL. Lei Complementar n. 4, de 30 de dezembro de 1994. Institui o código tributário do Distrito Federal. **Diário Oficial do Distrito Federal**, Brasília, DF, 31 dez. 1994. Disponível em: <http://www.fazenda.df.gov.br/aplicacoes/legislacao/legislacao/TelaSaidaDocumento.cfm?txtNumero=4&txtAno=1994&txtTipo=4&txtParte=.>. Acesso em: 16 jan. 2023.

SENADO FEDERAL. Resolução n. 9, de 5 de maio de 1992. Estabelece alíquota máxima para o imposto sobre transmissão *causa mortis* e doação de que trata a alínea 'a', inciso 1 e paragrafo 1, inciso 4 do artigo 155 da Constituição Federal. **Diário Oficial da União**, Brasília, DF, 6 maio 1992. Disponível em: <https://legis.senado.leg.br/norma/590017>. Acesso em: 16 jan. 2023.

sobre a autora

Fernanda Adams é mestre em Direito Empresarial e Cidadania (2018) pelo Centro Universitário Curitiba (Unicuritiba) e bacharel em Direito (2012) pela mesma instituição. É sócia do escritório de advocacia Munhoz Grande & Adams.

Os papéis utilizados neste livro, certificados por instituições ambientais competentes, são recicláveis, provenientes de fontes renováveis e, portanto, um meio responsável e natural de informação e conhecimento.

MISTO
Papel | Apoiando o manejo florestal responsável
FSC® C103535

Impressão: Reproset
Junho/2023